iyi ki **kitap**lar var...

TİMAŞ YAYINLARI
İstanbul 2022

timas.com.tr

ALLAH'A KOŞAN GENÇ
Ahmet Bulut

TİMAŞ YAYINLARI | 4028
Ailede Din Eğitimi Dizisi | 32

YAYIN YÖNETMENİ
İhsan Sönmez

EDİTÖR
İslâm Dalp
Yasemin Muş

KAPAK TASARIMI
Ravza Kızıltuğ

1. BASKI
Nisan 2016, İstanbul

9. BASKI
Mayıs 2022, İstanbul

ISBN
ISBN: 978-605-08-2256-4

TİMAŞ YAYINLARI
Cağaloğlu, Alemdar Mahallesi,
Alayköşkü Caddesi, No:5, Fatih/İstanbul
Telefon: (0212) 511 24 24

timas.com.tr
timas@timas.com.tr
timasyayingrubu

Kültür Bakanlığı Yayıncılık
Sertifika No: 45587

BASKI VE CİLT
Alfabe Basım
İkitelli OSGB Mah. Enkoop 1. Sok. No: 1B/-1
Başakşehir / İstanbul
Tel: (0212) 485 21 25
Matbaa Sertifika No: 46012

ALLAH'A KOŞAN GENÇ

Ahmet Bulut

AHMET BULUT

1971 yılında Çanakkale'nin Bayramiç ilçesi Karaköy köyünde doğdu.

İlkokulu köyde, orta ve liseyi Bayramiç İmam Hatip'te, üniversiteyi Marmara Üniversitesi İlahiyat Fakültesi'nde okudu.

Türkiye onu namazla tanıdı. Namaz gönüllülerinin çalışmalarını organize ediyor, konferanslara katılıyor, TV ve radyo programları yapıyor.

Evli ve dört çocuk babasıdır.

Yayınlanmış eserleri:

- Dua Engel Tanımaz Fatma
- Namaz Dirilişe Çağrı
- Ramazanı Nasıl İhya Ederim?
- Çocuklarımıza Namazı Nasıl Sevdirelim?
- Aşkın Ev Hali
- Kur'ân'la Yaşamak
- Cennete Koşanlar Engelliler
- Gençler İçin Sorularla Namaz
- Allah'a Koşan Genç
- Evimiz Cennetimiz Olsun

İrtibat:

Twitter: @ahmedbulut

Facebook: ahmetbulut ve ahmetbulut ilahiyatciyazar

Mail: hacebulut@hotmail.com , ahmet.hace@gamil.com

İÇİNDEKİLER

İlk Söz / 11

Farkında mısın? / 19

Referansım Allah'tır / 24

Niçin Allah'a İnanıyorsun? / 30

Nasıl Bir Allah'a İnanıyorsun? / 33

Niçin Peygambere İhtiyaç Var? / 39

Nasıl Bir Peygambere İnanıyorsun? / 43

Hayat Dünyadan İbaret Değil / 47

Sen Müslümansın / 50

Müminin Özellikleri Nelerdir? / 52

Kimin Kulusun? / 60

Hedefin Nedir? / 66

Bu Dünyada Görevin Nedir? / 75

Model Bir Ailen Olmalı / 78

Nasıl Bir Evlilik? / 90

Anne Baban Cennet Vesilen / 94

Müslümanda Olması Gerekenler / 103

Müslümanda Olmaması Gerekenler / 128

Düşmanlarına Dikkat Et! / 143

Korunma Yolları / 162

Kur'an Hayat Kitabın Olsun! / 165

Namaz Ruhunun Gıdası / 170

Ölüm En Büyük Hakikat / 174

Son Söz / 179

Ek: Üstadlarımızın Gençlikten Bekledikleri / 184

Bir sabah namazında tanıdığım, tanıdıktan sonra hayatımda muhteşem değişimler yaşadığım, dünyaya bakışımı değiştiren, gönül coğrafyamıza dikkatlerimizi çeken, ümmetsel bakış açısı kazandıran ve gençlik yıllarımızın istikamet üzere olmasına yön veren;

Kendisine, "Bize bir günlük hayatınızı anlatır mısınız? Biz de ona göre hayatımızı planlasak," diye sorulan soruya, sinirlenerek, "Olmaz öyle şey. Ben yıllardır size hadis okuyorum. Allah Resûlü'ne(sav) *yönlendirmeye çalışıyorum. Yol O'nun yoludur. Kılavuz O'dur. O'nun yolundan başka yol arayan sapıtmıştır," diyerek cevap veren;*

Efendimizin(sav) *evladı ve vârisi, gönüller sultanı, güzel ahlak öncüsü, insanlığın ve ülkemizin manevi imarı için ömrünü vakfederek cihad eden, herkesin sustuğu dönemde hakkı hakça söyleyen, gönül mimarım, aziz üstadım, Mahmud Esad Coşan Hocaefendi'ye*(r.aleyh) *mekânı cennet, derecesi yüksek olsun duasıyla...*

Bismihi Teâlâ...

Bizi yaratan, yaşatan, yöneten, rızıklandıran ve kalemle yazmayı öğreten Allah'ın adıyla. Bize okumayı emreden, okuyacak kitap gönderen ve nasıl okumamız gerektiğini öğreten Rabbimizin adıyla başlarız yazmaya. O dilerse, "Ol," der, oluverir her şey. O dilerse, "Yaz," der, yazmamız gerekenleri yazmaya muktedir oluruz. Dilemezse bir cümleyi bile yazmaya gücümüz yetmez. Her şey O'nun ilmi dahilinde ve izniyledir.

Hamd ederiz...

Bizi yazmaya muktedir kıldığı için, yazdıklarımızı okunmaya değer kıldığı için, okunanları yaşama dönüştürdüğü için, asıl yurdumuza döndüğümüz zaman, bizler için sadaka-i cariye olacak bu eserleri ikram ettiği için hamd ederiz. Hamd edecek bilinç verdiği için hamd ederiz. Nasıl hamd edeceğimizi öğrettiği için hamd ederiz. Yerde ve gökte yarattıkları adedince, dünya ve ahirette yarattıkları adedince kısacası ilmi adedince hamd ederiz.

Salat ederiz...

"Beni Rabbim terbiye etti, terbiyemi ne güzel yaptı," buyuran; sözü güzel, özü güzel, hali güzel olan En Güzel'e(sav) Rabbimizin razı olacağı şekilde salat ve selam ederiz. Duamız, desteğimiz, selamımız ve hürmetimiz Allah'ın kulu ve Resûlü'nedir. O'nu anamızdan, babamızdan, evladımızdan, malımızdan ve bütün sevdiklerimizden daha çok sevmeyi ve izince yürümeyi Rabbimizden niyaz ederiz.

Selam ederiz...

"Anam-babam sana feda olsun ey Allah'ın Resûlü," diyenlere ve sözünün eri olanlara selam olsun. Allah'ın kitabına sarılanlara, Resûlü'nün(sav) izince yürüyenlere ve dâvası İslam olanlara selam olsun.

Dua ederiz...

Yüzümü Hanîf (Allah'ı birleyici) olarak, gökleri ve yeri yaratan Allah'a çevirdim. Allah'tan başka otorite tanıyan müşriklerden değilim. Namazım ve diğer ibadetlerim, hayatım ve ölümüm âlemlerin rabbi Allah içindir. O'nun hiçbir ortağı yoktur. Bana bu şekilde inanmam emredildi ve ben Müslümanlardanım.

Allah'ım senden başka ilah yoktur. Sen her şeyin sahibisin. Sen benim Rabbimsin ben de senin kulunum. Beni hayra yönlendir. Hayra davet edenlerden eyle. Güzel yazmayı nasip eyle. Yazdıklarımı anlaşılır eyle. Okunanları tesirli eyle. Bütün hayırlar senden, eksiklikler nefsimdendir. Sana sığınır ve sana yönelirim. Sen yüceler yücesisin. Sen duaları işiten ve kabul edensin. Duamızı kabul eyle ey Rabbimiz...

İlk Söz

Yıllardır ülkemizi karış karış dolaşıyorum. Bir ilimiz hariç tüm illeri dolaştım. İlçelerde ve köylerde yüzlerce konferansa katıldım. Avrupa'da onlarca ülkede davet çalışması yaptım. Cennet vatanımızın manevi imarı için bir tuğla da ben koyabilir miyim diye çırpınıyorum. Gittiğim yerlerde halkımızla kucaklaşıyor, onlarla hasbihâl ediyor ve ülkemizin geleceği üzerine sohbetler yapıyorum.

İki yıldır özellikle okullara gidiyorum. Yüzlerce okulda seminer verdim. Gençlerle gelecekleri hakkında söyleştik. Onları dinledim. Sorunlarını tespit etmeye çalıştım. Yarınlarımızı kendilerine teslim edeceğimiz gençlerimizi anlamaya gayret etim. Onların dünyalarına girmeye çalıştım. Yaklaşık iki yıl boyunca bu konuya kafa yordum. Gençliğine yatırım yapmayanların geleceğinin olmayacağını herkes bilir. Bu konuda bizden önce ellerine su dökemeyeceğimiz öncülerimiz, üstadlarımız ciddi kafa yormuşlar. Bir neslin inşası için ömürlerini feda etmişler. Tohum ekmişler çorak topraklara, "İman varsa, imkân vardır," diyerek. Hiç ümitlerini yitirmemişler. Gece gündüz çalışmışlar. Hapislere düşmüşler, zindanlara atılmışlar, öz vatanlarında garip kalmışlar ve vatanlarından hicrete zorlanmışlar. Ama asla kutlu davalarından vazgeçmemişler. "Her bahar yine çiçekler açar," diyerek ümitlerini beslemişler. Onlar tarih mevsimimizin kışında görev yapmışlar. Zorlu bir kışın sonunda muhteşem bir bahar gizlidir. İşte biz bahar döneminin davetçileriyiz. Bizden önce imanlı neslin inşası için bedel ödeyen üstadlarımızın özlemleriyle yola çıkalım istiyorum. Onların özlemleri bize kılavuz olsun. Nereden nereye geldiğimizi görelim de şükrünü eda için daha çok gayret edelim istiyorum. Gaflet en büyük düşmanımızdır. Bu yolda uyuklamak düşmanın istilası için yeter de artar bile.

Öyle bir gençlik özlüyorum ki:

Mehmed Âkif Ersoy üstadımızın, "Köşe başlarını her bir münâdi kesmiş de kendisini harama davet ederken, bakışlarını bulandırmaya çalışırken, zihnine zehirden tohumlar saçmaya çalışırken, yollarına kementler atarken, gideceği istikamete yılanlar, çiyanlar salıverirken, her bir düzlüğü yokuşlara sürmeye çalışırken, 'Bismillah,' desin de bunların hiçbirine iltifat etmesin. Desin ki bunların hiçbirine gönül koymuyorum, bunların hiçbirine zerre değer vermiyorum, beni istikametimden alıkoyacak hiçbirşeyi önemli ve değerli bulmuyorum," diyecek ,uğruna bir ömrünü feda ettiği Âsım'ın nesli...

Âsım'ın nesli, Türk medeniyetinin gelişim zincirini koptuğu yerden tamir ederek, o zincirin halkalarını birbirine ekleyecek, dönemine göre yeni bir terkip olan, kendi döneminde çeşitli hadiselerin müsebbibi olan şahsiyetlere benzemeyen, en köke, en derine bağlı olan, her yönüyle farklı ve ata yadigârıdır. O, farklılığını Balkanlar'da, Çanakkale'de, Anadolu'da ve daha nice vatan toprağında canıyla ispat etmiş:

Âsım'ın nesli... diyordum ya... nesilmiş gerçek:
İşte çiğnetmedi namusunu, çiğnetmeyecek.
Şühedâ gövdesi, bir baksana, dağlar, taşlar...
O, rükû olmasa, dünyada eğilmez başlar.

...

Ne büyük hilkat o Âsım, ne muazzam heykel!
Onu, bir şi'r-i hamâset gibi, ilhâm-ı ezel,
Sana sunduysa, açıp rûhunu teşrîhe çalış...

Nureddin Topçu üstadımızın, "Biz, kendisine Hakk'ın emaneti olan mukaddes dâvadan vazgeç diyenlere gözyaşları ve içindeki isyan yıldırımlarıyla dönüp de, 'Güneşi sağ elime, ayı da sol elime verseler yine de bu işten vazgeçmem,' diyen büyük Peygamberimizin izinden yürüyoruz," diyerek *İsyan Ahlâkı*'nda tarif ettiği...

Necip Fazıl üstadımızın,

Bir gençlik, bir gençlik, bir gençlik...
Zaman bendedir ve mekân bana emanettir!

şuurunda bir gençlik...

"Kim var?" diye seslenilince, sağına soluna bakmadan, "Ben varım!" cevabını veren, her ferdi, "Benim olmadığım yerde kimse yoktur!" duygusuna sahip bir dâva ahlakını pırıldatan bir gençlik..." diyerek hayal ettiği...

Sezai Karakoç üstadımızın, *Diriliş Neslinin Amentüsü* adlı eserinde, "Öncü bir neslin, diriliş neslinin yetişmesi elzemdir. Bu neslin en belirgin özellikleri; tarih bilinci ve derinliği, içinde yaşadığı toplumla barışık olma ve toplumunun her katmanında varlık gösterme, çalışkanlık ve savaşçılık olmalıdır. Öncelikle diriliş eri savaşçı olmak mecburiyetindedir. Kendi mevzisini korumakla mükelleftir. Bu savaşı verirken top, tüfek, bomba, füze kullanmayacaktır. Çünkü bu savaş bir ruh savaşıdır, medeniyet savaşıdır, zihniyet savaşıdır. Bu savaşın ana unsuru irfanî yüceliş ve değerlerdir. Dâva hakikat dâvası, savaş hakikat savaşıdır," diyerek özlem duyduğu...

Ali Ulvî Kurucu üstadımızın,

Ateşin içinde ama yanmıyorlar...

Mısır'da, El-Ezher'de okuduğum yıllarda, uzun bir kış gecesi, derslerimi tamamladım, yatmak üzereyim. *Er-Risale* isimli dergide, Muhammed Sadık er-Rafii adlı bir yazarın yazısı gözüme ilişti. Üstadın yazısını okuyayım da, onun şevki, zevk ve feyzi ile uyuyayım dedim. Makalenin başlığı "Alevler içinde, fakat yanmıyor" idi. Bu başlık, beni çok etkiledi.

Doğrusu, "Acaba bu madde nedir?" diye düşünerek ve merak ederek okudum. Şöyle anlatıyor er-Rafii: "Geçenlerde üniversite gençlerinden bir grup geldi. Çok mühim sorular soruyorlardı. İçimden bir feryat koptu; 'Allah'ım, bu çocuklara feyz verecek hâlde değilim. Ama beni bu çocuklara güzel göstermişsin, utandırma,' diye dua ettim. Önemli bir ahlaki çöküşün tam ortasında yaşıyorlardı. Bunlara rağmen temiz kalmışlar. Allah'a şükrettim. 'Allah'ım, sen öyle bir kudret sahibisin ki, alev alev yanan ateşler içinde Hz. İbrahim'i, balığın karnında Hz. Yunus'u, Firavun'un sarayında Hz. Musa'yı, mağarada Hz. Muhammed'i saklayan değil misin?.. Kudretine hayranım Ya Rabbi," dedim."

Bu makaleyi okuduktan sonra, abdest alıp namaz kıldım. Secdede ağlayarak, "Ya Rabbi, benim memleketim Türkiye'de de alevler içinde olduğu hâlde yanmayacak, aşkına, idealine, irfanına, imanına sahip çıkacak bir genç nesil yetişmeyecek mi, ve ben de bu nesli görmeden mi öleceğim Allah'ım?" diye dua ettim. 60 senedir aynı duayı ederim. Allah dualarımı kabul etti. Bugün, çok güzel bir gençlik var. Onlara diyorum ki, "Ey gençler, sizler benim kabul olan dualarımsınız, gerçekleşen rüyalarımsınız. Allah'tan sizi istedim, Allah da sizi lütfetti," diyerek kabul edilmiş duasını anlattı...

Bu gençlik yetişiyor elhamdülillah. Dün genç deyince, dine mesafeli, alkol kullanan, flört eden, zina eden, kahve köşelerinde değişik kumar oyunlarıyla vakit öldüren, sinama ve tiyatro hastası, anne-babasının örfüne karşı duran, geçmişine küfreden, dindarlarla alay eden, Batı'ya/bâtıla körü körüne bağlanan,

Doğu'dan alabildiğine uzak duran, kendi değerlerine kör ve sağır olan ve batının kulu/kölesi olmaya gönüllü, üniversitede okuyan ve aydın bilinen bir nesil akla geliyordu. O günlerden namaz kılan, alkol kullanmayan, tesettürüne dikkat eden, kız erkek ilişkilerinde haram/helal hassasiyeti olan, hayat referansı olarak Kur'an ve Sünnet'i alan ve bunu yaşam tarzı gören, Batı'ya karşı temkinli ve Doğu ile barışık, geçmişine vefalı ve sadakatli, anne-babasının örfünü günümüz şartlarında yaşatmaya çalışan, inandığı dâvasını hayatı pahasına savunan nesillerin yetiştiği günlere geldik. Daha işin başındayız. Yapmamız gerekenlere göre yaptıklarımız devede kulak misali. Dün cuma namazına giden bir üniversite öğrencisi görmek mucize gibiydi. Bugün binlerce beş vakit namaz kılan gencimiz var. Dün bir tek tesettürlü kızımız yokken bu gün milyonlarca tesettürlü kızımız var.

Bizden önceki üstadlarımızın hayal ettiği gençlik bugün gerçek olma yolunda elhamdülillah. Özlenen gençlik, bizim geleceğimiz, bizim kutsal emaneti emanet edeceğimiz yarınlarımız. O gençlik kendiliğinden ortaya çıkmayacak. Bizim ektiğimiz tohumlarla meyve verecek. Yolu gözlenen gençliğin yetişmesi için yıllardır emek sarfeden onlarca gönül mimarımız var. Onlara binlerce teşekkür ve dua ediyoruz. Onların hayal ettikleri ve hayallerini gerçekleştirmek için gece gündüz çalıştıkları o gençlik için bizim de bir tuğlamız olsun diyerek yola çıktık. Yollarını yolumuz belledik. Tecrübelerini rehber edindik. Dualarını dualarımıza azık ettik. Heyecanlarını heyecanımıza kattık. Karanlığı aydınlatmak için bizim de bir ışığımız olsun istedik.

Bu çalışmamızda muhatabım genç kardeşim. "Asım'ın Nesli", "Diriliş Nesli", "Dâvası Allah olan adanmış nesil", "Ateşte ama yanmayan zamanın İbrahimi", zamanın Mus'ab'ı, Ammar'ı, Fâtıma'sı, Zeyneb'i ve cennetin özlediği elmas nesil...

Kitap boyunca muhatabım sensin aziz genç. Seninle hasbihâl edeceğim. Seninle birlikte yürüyeceğim. Sana yol arkadaşı olacağım. Sana seni anlatacağım. Sana kendi tecrübelerimi aktaracağım. Uygun gördüklerini alırsın, uygun görmediklerin bırak kalsın. Tecrübeden faydalanmak insana maddi/manevi ciddi kazanç sağlıyor. Denenmişi deneyerek zaman ve imkân kaybına fırsat vermemiş olursun. Seninle birlikte cennet yamaçlarına tırmanacağım. Cennetin yolunun dikenli ve nefsin sevmediği şeylerle olduğunu sana göstereceğim. Cehennemin yolunun çok renkli ve cazibedâr olduğunu birlikte temaşa edeceğiz. Yolculuk boyunca rehberimiz Kur'an, yol kılavuzumuz Peygamberimiz[(sav)] ve O'nun yolunu izleyen öncüler olacak.

Gayemiz, bizi yaratan, yaşatan, yöneten, terbiye eden ve bizi bizden daha çok seven Rabbimize kul olmaktır. Kaliteli bir Müslüman ve hakiki bir mümin olmaktır. Rabbimizin istediği gibi hayatı yaşamaktır. Hayatımızı hayatı verenin istediği gibi yaşamaktır. Hz. Ali Efendimizin diliyle, "Ya Rabbi maksadım Sensin, amacım Senin rızanı kazanmaktır."

Metodumuz, ifrat ve tefritten uzak, geçmişin tecrübesinden faydalanarak günümüz şartlarında asr-ı saadet modelini yaşamaya çalışmak; Müslüman kardeşlerimize karşı şefkatli ve merhametli; kâfirlere karşı dikkatli ve uyanık olmak; asrın idrakine İslamı söyletmek için günün imkânlarını kullanmak ve her işte orta yolu tutmak şeklindedir.

Elindeki bu çalışma bir Müslümanda olması gereken cennet azığını tedarik etme gayretidir. Yolculuk boyunca sana lazım olacak sağlam bir iman, salih bir amel ve güzel bir ahlak kazanma yolunu göstermek. Bu konuda sana bir ufuk açmak ve tecrübelerimi aktarmak istedim. Umarım faydası olacaktır. Yazıya döktüklerimi yıllardır sözlü olarak aktardım. Dinleyen ve uygulayanlar istifade etti. Hayatlarına istikamet çizdi. Sırat-ı müstakimi yol edindi. Nefse ve şeytana dur dedi. Şimdi sıra sende.

Kitaba *Allah'a Koşan Genç* ismini verdim. İstedim ki Allah'a koşasın. İstedim ki nefsin ve şeytanın kışkırtmalarından Allah'a kaçasın. İstedim ki seni cennet yurduna davet eden Rabbine buyur Allah'ım emrine amadeyim diyesin. İstedim ki Rahmet Peygamberi'nin(sav) özlediği ve, "Kardeşimdir," buyurduğu sen olasın. İstedim ki insanlığın kurtuluşu için kendini harap edercesine adanmış yüreğin kardeşi sen olasın. İstedim ki ateşler için de ama yanmayan İbrahim, bıçağın kesmediği İsmail, suyun boğmadığı Musa, kuyunun yutmadığı Yusuf sen olasın. İstedim ki bir şehrin imarına adanmış yürek, Mus'ab sen olasın. İstedim ki ıssız çöllerde yalnız kaldığında, ümitlerin tükendiği anda Allah bana yeter diyen Hacer, karnındaki bebeği Allah'a adayan Hanne, sudaki bebeğe sahip çıkan Firavun'un sarayındaki Asiye sen olasın. İstedim ki sadakatin, sevginin ve fedakârlığın simgesi Hatice sen olasın. İstedim ki ilmin, ferasetin ve muhabbetin zirvesi Âişe sen olasın. İstedim ki iffetin, edebin ve hayanın menbaı Fâtıma sen olasın.

Çok şey istiyorum farkındayım. Ama sen bunları başaracak imana sahipsin. Bunları yapman için bir şeye ihtiyacın var, Allah ile aranı düzeltmek. Allah ile aran güzel olursa her şey senin emrindedir. Melekler bile sana destek için duada olacaktır. Allah var imkân var. Allah var keder yok.

Farkında mısın?

Sen Allah'ın yer yüzündeki halifesisin. Her şey senin emrine verildi. Kainatta olan her şey sana hizmet etmek için var edildi. Sen onların emirisin. Varlık sebebini hatırla. Sen, var edenini tanımak ve ona kulluk etmek için yaratıldın.

Sen insanlığın son rehberi, peygamberler ailesinin son halkası ve serveri, yaratılmışların en güzeli, ahlakı muhteşem olan Hz. Muhammed'in özlemi ve duasısın. O, senin için gönderildi. Senin ahlakın için numune oldu. Seni yetiştirmek için bir ömür mücadele etti. Senin geleceğin O'nun ümidi oldu. Senin yetişmene vesile olan ilk tohumlar O'nun eliyle toprağa bırakıldı. Senin güzelliğin O'nun eseridir. Sen kendini tanıdıkça O'nun eserini üzerinde bulacaksın.

Sen, peygamber talebesi ilk neslin günümüzdeki temsilcisisin. Sende onların izi var. Sen onlardan birinin rengini taşıyorsun. İmanda ve sadakatte Hz. Ebu Bekir'i; adalet ve cesarette Hz. Ömer'i; hayâ ve edepte Hz. Osman'ı; ilim, irfan ve şecaatte Hz. Ali'yi; cennet gençlerine namzet olmada Hz. Hasan ve Hüseyin'i temsil ediyorsun. Onların rengi ve boyası var üzerinde. Sen Hz. Hatice, Hz. Âişe, Hz. Fâtıma, Hz. Zeynep, Hz. Nesibe vb. öncülerin binbir güzelliğinin yansımasısın. Sen de onların nadide eserleri var farkında mısın?

Sen tarihte iz bırakmış Selahaddin-i Eyyübî'nin, Alparslan'ın, Fatih'in, Abdülhamid Han'ın ve Nene Hatunların torunusun. Asil bir geçmişin var. Tarih yapmışsın, tarih yazmışsın ve tarihte adını altın harflerle yazdırmışsın, farkında mısın? Tarih yazan seni, bir asırdır tarih sahnesinde yok saydılar, sana tarihini unutturmak için çok çalıştılar, seni kendi tarihine yabancılaştırdılar, seni kendi tarihine küfrettirdiler ve seni senden kopardılar farkında mısın? Şanlı tarihini inkâr eden kaç millet vardır, geçmişiyle bağı koparılan, dinini, dilini, örfünü-âdetini, irfanını inkâr eden? Hiç düşündün mü?

Sen tarih sahnesindeyken yeryüzünde adalet vardı, barış vardı, kardeşlik vardı, huzur vardı ve herkes emin bir şekilde yaşıyordu. Sadece insanlar değildi bu huzur iklimini yaşayan, göçebe kuşlar bile yaşamından memnundu. Onların bile ihtiyacı düşünülmüştü. Camiyi yapan mimar, caminin duvarına kuşlara yuva yapmayı da ihmal etmiyordu. Sen tarih sahnesinden çekildin çekileli yeryüzü kana bulandı. Adalet yeryüzünden hicret etti. Huzur izine ayrıldı. Kardeşlik katledildi.

Sen kendine gelme diye sana binbir tuzak kuruldu. Seni sen yapan değerlerin sana düşman belletildi. Ayağa kalkmanı sağlayacak imanın sökülmeye çalışıldı. Hayat kitabın Kur'an yasaklandı, ezanın ulvî çağrısı susturuldu, âlimlerin katledildi, bin yıllık birikimine dilin değiştirilerek yabancı edildin, birliğini sağlayan hilafetin kaldırıldı ve seni sen yapan ne varsa yok edildi. Bir daha asla, senin hayat bulmaman için her şey düşünüldü. Fakat bir şey unutuldu, seni sen yapan değerleri sana gönderenin ve bu değerleri koruyacak olanın Allah olduğunu unuttular ya da görmezden geldiler. Onların bir planı varsa Allah'ın da bir planı olduğunu bilemediler. Allah ihmal etmez mühlet verir.

Şimdi yeniden dirilme vakti. Şimdi fabrika ayarlarına dönme zamanı. Şimdi üzerimizdeki külleri silkeleme zamanı. Şimdi bizi biz yapan değerlere sahip çıkma zamanı. Şimdi çalışma zamanı.

Şimdi gayret ve fedakârlık zamanı. Şimdi geleceğe ait ümitleri şahlandırma zamanı. Şimdi büyük rüyalar görme zamanı. Şimdi bütün insanlığın ümidini gerçekleştirme zamanı. Şimdi yeryüzünde Allah'ın nizamını yaşama ve yaşatma zamanı. Bunu sen yapacaksın. Bunu yapacak anlayış sende mevcut. Bunu yapacak tecrübe senin kutlu tarihinde mevcut. Bunu yapacak potansiyele sahipsin. Dün yaptın, başardın. Bugün de yapacak fırsatı Allah senin önüne serdi. Şimdi dirilme vakti, şimdi ayağa kalkma zamanı.

Senin dirilmen, senin ayağa kalkman birilerinin korkulu rüyası. Sen dirilmeyesin diye sana binbir tuzak kurdular. Seni nefsinle meşgul ettiler. Şeytana köle kıldılar. Seni cinsellikle avladılar, zinayı yaşam tarzı gösterdiler. Nice yalanlar uydurdular, adına çağdaşlık dediler, özgürlük dediler, modern yaşam tarzı dediler. Senin iffetini, hayânı, namusunu, izzetini ve neslini aldılar. Allah ile bağını kopardılar. Güç kaynağını kestiler. Seni şeytanın esiri ve oyuncağı yaptılar. Senin asıl mutluluk kaynağına dinamit koydular. Haramda mutluluk arayana mutluluğun haram olduğunu unutturdular.

Sana gelecek kaygısı verdiler. İyi bir okul iyi bir gelecek dediler. İyi bir iş, çok kazanç dediler. Bunları elde edersen mutlu olacağına inandırdılar. Rezzak olanın, rızkı verenin Allah olduğuna inancını sarstılar. Garanti olan rızkını arama derdine düşürdüler de garantilenmemiş olan ahiret hayatını, ebedî geleceğinden gafil kıldılar. Asıl hayatın ahiret hayatı olduğunu, dünyanın ahireti kazanma yeri olduğunu düşünmemize engel oldular.

Seni senden uzaklaştıracak tuzaklar sadece bunlar değildi elbet. Sana güncel tuzaklar ürettiler. Spor, eğlence, kardeşlik diyerek futbol turnuvalarıyla senin enerjini sahalarda heba ettiler. Seni kendilerine tutsak ettiler. En büyük sermayen olan zamanını çaldılar, paranı fark etmeden cebinden çektiler; senden aldıklarını bir avuç mutlu azınlığa pay ettiler. Seni kardeşinle düşman ettiler. Sen A takımından, ben B takımından diyerek aranıza kin, nefret ve düşmanlık ektiler. Yeşil sahalarda milyonları uyuşturdular. Allah aşkına bana futbolun bir tane faydasını söyler misin?

Ah şu internet ve teknolojiye ne demeli? Elbette internet ve teknoloji, varlığı itibariyle kötü değil. Bilakis, hayatı kolaylaştıran muhteşem bir nimet. Çağın en büyük nimetlerinden. Fakat bunu araç olarak kullanarak sana kurdukları tuzağın farkında mısın? Ülkemiz genelinde, bu nimetin faydası ve zararı karşılaştırıldığında hangisi öndedir? Son zamanlarda internet bağımlılığı klinik vaka hâline geldi. Hastanelerde bununla ilgili bölümler her geçen gün artıyor. İnternet, bir nesli bitirmek için iyi bir tuzak. Bununla ilgili yüzlerce olay paylaşabilirim fakat kitabın hacmini zorlamamak için ayrıntıya girmiyorum. Bu konuda ne demek istediğimi çok iyi anladığını düşünüyorum. Nice yuvalar yıkılıyor, şehvetin esiri bir nesil ve zinakâr bir toplum oluşturuluyor. Sahte kimlikler, yitirilmiş kişilikler ve kendine yabancı insanlık. Bu tuzağa dikkat etmeni rica ederim.

Hele moda tuzağına ne söylesek azdır. Senin nasıl giyineceğine bir avuç şer odağı karar veriyor. Bir ay giydiğini diğer ay senin üzerinden çıkartıyor. Senin değerlerini kendisi belirlerken, bunların seni Allah'a düşman hâle getirdiğini fark etmiyorsun bile. Senin cebini, senin elinle boşaltıyor. Bunu yaparken de seni mutluymuşsun gibi bir hisse sevk ettiriyor. Senin egonu öyle şişiriyor ki giydiklerinle seni sana âşık ediyor. Seni nefsine ve bedenine tapar hâle getiriyor. Bu konuda bir düşünmeni ve nefis muhasebesi yapmanı istirham ederim. Lütfen ön yargılı düşünme, yüreğinin sesini dinle ve Rabbinle ilişkini göz önünde bulundur.

Ah şu filmler ve diziler, nelerimizi götürdü bir bilsen. Ne örfümüz kaldı ne âdetimiz, ne dinimiz, ne de ölçümüz. Bizi uyuşturdular ve bizim olan her şeyi bir bir alıp götürdüler. Bir tarihi eser kaçakçısına ceza veriliyor da bizim değerlerimizi kaçıranlara bir ceza yok. Değerlerimizin hırsızı olduklarını bile bilmiyoruz.

Asrımızın en büyük hırsızları, bizim değerlerimizi dizi ve filmleriyle çalanlardır.

Son olarak yapısı itibariyle uyuşturucu olan bali, esrar, eroin ve sentetik zehirler, geleceğimizi, gençliğimizi tehdit eden en büyük düşmanlarımızdandır. Buna iten sebepler, bunu teşvik eden ortamlar, bunu pazarlayan şer odaklarına aman dikkat et. Bu illet hem dünyanı hem de ahiretini bitirir. Senin bunlara karşı uyanık olman ve çevrendekilerin buna düşmemeleri için çalışman önemli bir vazifendir. İyiler kötüler kadar cesur olsa, çalışsa ve gayret etse asla bunlar olmayacaktır. Başımıza gelenler kendi ellerimizle işlediklerimiz yüzündendir.

Bütün bunlara karşı hedefini belirle. Hedefine giden yolda hayat planını yap. Referansını tespit et. Aynı hedefe yürüyeceğin dostlarını seç. Çalışmaya başla. Seni yolundan ayıracak ve engelleyecek olanları hayatından çıkar. İnsan, arkadaşının düşüncesinden ve yaşantısından etkilenir. Farkında olmadan, onun iyiliklerini veya kötülüklerini kopyalar. Buna karşı dikkatli ol.

Hayat planını yapmanda, kulluğunun farkına varmanda, dünya ve ahirette mutlu olmanda sana farkındalık kazandıracak bu çalışmayı dikkatle okumanı, okuduklarını hayatında tespit etmeni ve test etmeni tavsiye ederim. Yazdıklarım ütopik değildir. Hayatın içinde yaşamaya çalıştığım ve uygulanabilir şeylerdir. Yazılanları yaşadıkça farkı anlayacaksın. Kendindeki müspet değişimi fark ettikçe imanının tazelendiğini, yüreğinin kıpır kıpır ettiğini ve aklının kalbine teslim olduğunu göreceksin. Rabbin senden razı olacak, şeytan senden nefret edecektir. Kitabı bitirmek için okuma. Yavaş yavaş, sindire sindire oku. Okurken kitaba kendini muhatap et. Her sözü nefsine oku. Okuduklarını uygulamaya çalış. Faydasız bulduklarını kaldır at. Nefsimdendir. Seni Allah'a yaklaştıranlara sımsıkı sarıl. Şimdi seni günümüzden muhteşem bir örnekle baş başa bırakıyorum.

Referansım Allah'tır

"Namazla Diriliş" konferansında, D. Ali Taşçı hocamdan yaşadığı bir hatırayı dinledim. Dinlerken gözyaşlarıma hâkim olamadım. Baktım ki benimle birlikte birçok dinleyenin de gözlerinden yaşlar süzülüvermiş. Muhteşem bir yaşam öyküsüydü. Asr-ı Saadet özlemi çekenlere, "İşte bugün de bunu yaşamak mümkündür," diye verilecek güzel bir örnekti. Kitabımıza bu örnekle başlamak istedim. Gönüller yumuşasın, güzel misale yönelsin ve Allah'a koşan gençler modellensin istedim.

Günümüzde en önemli problemimiz güzel ahlak örneklerinin az olmasıdır. Nebevi ahlakı yaşayanlara az rastlanmasıdır. Güzellikler modellenir, güzellikler sirayet edicidir. İstiyorum ki güzellikler yaygınlaşsın, güzeller rol model olsun, güzeller aranır olsun; güzel ahlak örnekleri konuşulsun, özlem güzel ahlaka olsun. Bu satırları okuyan kardeşim de kitabı bitirdiğinde kendinde muhteşem bir değişim yaşasın. Kendini imar etsin. Özüyle barışsın, fabrika ayarlarına dönsün, "Nefsini bilen Rabbini bilir," sırrına ersin. Rabbini bilenlerden olsun. Rabbini bilen, Rabbince bilinenlerden olmak olsun hedefi.

Sahte kahramanları tanısın, yolunu onlardan ayırsın. Şimdi seni zamanın sahabesi gibi ömür süren Bilal'in öyküsüyle baş başa bırakıyorum.

Birkaç yıl önce, bir vilayetimizde, bir bakanlığın il müdürüydüm. Bağlı bulunduğumuz genel müdürlük, başka üç ilin de il müdürüyle birlikte beni, diğer bir ilimizde personel alımı için görevlendirdi. Dört arkadaş birleşerek sözünü ettiğim ile gittik. Bizim için önceden ayrılan misafirhaneye yerleştik. Şehre gelişimizi kimsenin duymasını istemiyorduk. Zaten ben ve arkadaşlarım bu ile ilk defa geliyorduk. Ne kimseyi tanıyorduk ne de kimse bizi tanıyordu.

Arkadaşlar olarak hepimizin kanaati aynıydı, siyasi ve diğer baskılardan hiçbirine boyun eğmeden, hak edeni personel olarak almak. Biliyorduk ki yoğun bir katılım olacak ve herkes —maalesef- bir referansla bizi rahatsız edecekti. Bunun için çok dikkatli olmalıydık.

İle ikindi vakti vardık. Kimseye görünmeden şehrin biraz dışındaki kenar bir mahallede, tarihî bir camiye gittik. İkindi namazı kılındığı için caminin avlusu boştu. Osmanlı döneminden kalma, mimarisi insanda manevi duygular uyandıran şirin bir caminin avlusundaydık. Dört arkadaş şadırvana oturarak abdest almaya başladık. Mayıs ayının serin, sıcak havası da ayrı bir güzellik katıyordu çevreye. Ayakkabılarımı çıkarıp çoraplarımı sıyırmaya başlamıştım ki ayaklarımın önüne bir çift takunya kondu. Takunyaların geldiği tarafa doğru şaşkınlıkla başımı çevirdim. Yüzüme tebessümle bakan, orta boylu, esmerimsi ve yakışıklı diyebileceğimiz yirmi beş yaşlarında bir gençle göz göze geldim. Utangaçlığın vermiş olduğu çekingenlikle, "Ben buraları bilirim, siz yabancıya benziyorsunuz, namaz kılana hizmet etmek, Allah'ın rızasını kazandırır. Allah kabul etsin!" dedi.

Gencin tebessümü, davranışı, kibarlığı, her şeyden önce içten davranışı hepimizi çok etkiledi. "Sen kimsin? Adın nedir?" diye sordum.

"Adım Bilal, bu mahallede oturuyorum."

Bir an abdest almayı bırakarak gençle ilgilenmeye başladım.

"Ne iş yapıyorsun Bilal?"

Biraz durakladı ama yüzündeki gülümsemeyi hiç eksik etmeden sorumu cevapladı:

"Şimdi işim yok ama inşallah yakında işe gireceğim." O kadar inanarak söylüyordu ki bunu, "Nasıl olacak o, Bilal?" dedim.

Müthiş mütevekkil ve huzurlu bir yüzle, "Üç gün sonra," dedi, "........ Müdürlüğü'nde sınavla personel alınacak. Rabbim, oraya girmeyi nasip edecek inşallah!" demez mi?!

Ben bir an neye uğradığımı şaşırmıştım. Arkadaşlarım da artık, Bilal ile aramızda geçen konuşmaya dikkat kesilmişlerdi.

"Peki, Bilal," dedim, "bu zamanda işe girmek zor, hem de çok zor! Senin torpilin var mı? Referansın kim? İşe nasıl gireceksin?"

Bilal, o mütevekkil ve mütebessim hâlini kuşanarak -ki bu hâlini hiç unutamıyorum- hepimizin üzerinde bomba tesiri bırakacak sözü söyleyiverdi, "Bir yetimin referansı kim olur? Benim referansım Allah Celle Celaluhu'dur. Ne güzel vekildir O. Dün gece O'na teheccüt namazından sonra dilekçemi sundum. Hiç yetimin duasını geri çevirir mi O?"

Ya Rabbi! Ne işe tutulmuştuk? Ağlamamak için kendimi zor tutuyordum! Gözlerimin buğulandığını ona göstermemeliydim. Musluktan avucuma su alıp yüzüme serptim.

"Bilal, baban yok mu?"

"Yok, ben üç yaşındayken ölmüş. Anneciğim büyüttü beni."

Temiz bir saflık üzerindeydi. Bütün söylediklerini gönülden söylüyordu. Bu o kadar meydandaydı ki kalbi yüzüne vurmuştu âdeta.

"Askerliğini yaptın mı Bilal?"

"Yaptım ya, hem de çavuş olarak."

Artık Bilal'i daha yakından tanımalıydım çünkü o tanınmayı çoktan hak etmişti.

"Evli misin Bilal?"

Bir anda gözleri yere düştü. Yine o mütevekkil hâli üzerindeydi. Utanarak sözünü sürdürdü, "He ya, evli değil de sözlüyüm. İnşallah, işe girer girmez düğünümü yapacağım."

Yine o kadar kesin konuşuyordu ki!

"Ama Bilal, üç gün sonraki sınav için o kadar kesin konuşuyorsun ki sanki sınavı kazanmış gibisin!"

Sustu. Başını kaldırdı ve gözlerini ufka dikti hemen cevap vermedi, bir süre daldı. Yüzünün rengi bir beyazlaşıyor, bir sararıyordu. Biraz sonra gözleri ufka dikili olarak ve sesine bir gizemlilik katarak şunları söyledi:

"Ben Rabbimi çok seviyorum, inanıyorum ki o da beni seviyor. Seven seveni korumaz, ona yardım etmez mi? Sevenin seveni yüz üstü bıraktığı hiç görülmüş müdür?"

Ona söyleyecek laf bulamıyordum. Bilal öylesine bir kalp taşıyordu ki Allah bizi, kocaman kocaman müdürleri, Bilal kuluna hizmet ettirmek için ayağına göndermişti.

Kim müdürdü, kim işçi olacaktı? Bilal, dilekçesini en büyük makama sununca melekler harekete geçtiler; daireler, müdürler harekete geçtiler ve hep birlikte Bilal kulun ayağına koşmaya başladılar çünkü emir büyük makamdandı. Allah'a malik olan insanın mahrumiyeti söz konusu olabilir miydi? Sormaya devam ettim, içim titreyerek:

"Bilal, sözlünü nasıl buldun? Bu zamanda hem yetim hem işsize kim kız verir ki?"

Başını salladı ve, "Doğru," diyerek ekledi, "Zor nişanlandım ya, Allah razı olsun, kayınpederim olacak olan insan, 'sözde Müslüman' değil, hakiki mümin. 'Bu zamanda namazında niyazında damat nerde bulunur, hem rızkı veren Allah'tır,' dedi ve kızını bana verdi. Rabbim rızkımızı verir inşallah."

"Bilal, senin bu tarz yetişmene neden olan, seni bu mütevekkil hâle getiren bir sır olsa gerek."

"Eğer ona sır denilirse, var. Sevgili anneciğim bana hiç haram lokma yedirmediğini söyler."

Bilal lise mezunuydu, üç yüz kişinin katıldığı yazılı sınavı başarıyla geçerek ilk yetmiş kişinin arasına girdi. Şimdi mülakata girecekti. Bizler de önümüze sunulan, Bakanlık dâhil, bütün referansları bir kenara koyarak Bilal'in referansını en öne aldık!

Mülakat gününe kadar bizi göremedi, kim olduğumuzu da zaten bilmiyordu. Mülakat günü geldi çattı. Tüm arkadaşlar merak ediyorduk, bizi karşısında görünce acaba nasıl tepki verecekti?

Adı okundu, içeri girdi. Heyecandan olacak, bizi birden fark edemedi, zaten kıyafetlerimiz de değişmişti. Biz susmuştuk, o da başını yavaş yavaş kaldırarak bize baktı.

Birden şaşırır gibi oldu, yüzü kızardı ve gözleri yere düştü, sessizliği bozdum, "Bilal, bizi tanımadın mı?"

"Evet."

"Peki, ne diyeceksin şimdi?"

Ağlamaya başladı, çocuk gibi hıçkırıyordu. Artık biz de dayanamamıştık, ona uyduk. Sabah makamında hıçkırıklar boğazımıza düğümlenmişti. Oda öylesine bir havaya bürünmüştü ki sanki bazı manevi şeylere elle dokunmak mümkündü. Bilal ellerini Rabbine kaldırdı ve, "Ey Rabbim! Ben hâlimi sana sunmuştum, içimi sana açmıştım, şimdi burada müdürlerime karşı mahcubum. Ey Allah'ım, ben Sen'den, başkasından istememeyi istedim. Beni yalnız Sana muhtaç eyle Allah'ım," dedi.

Bir an bir sessizlik oldu. Arkasından hüzün dolu bir sesle, "Ne olur, izin verin çıkayım," dedi.

"Peki, Bilal," dedik, "Güle güle git. Allah işini, aşını, eşini mübarek kılsın!"

Allah'tan isteyenler muratlarına erdiler de, O'ndan başkasından isteyenler helak oldular. Allah, dilerse bütün dünyayı Bilallere hizmetçi yapar. Bizi yapmadı mı?

Fakat, Bilal yüreğine ve saflığına ulaşmak gerek.

Ne dersin sen de bir Bilal olmak ister misin? Bilal olmak sadece kuru bir iddia ile olacak bir şey değildir. Bedel ödemelisin. Sadece iman ettik demekle bırakılmıyoruz. İmanın ispatı isteniyor. Hayat baştan sona bir imtihandır. Bu imtihan bazen nimetle bazen nimetin elden alınmasıyla oluyor. Sana hangisi düştü bilemem. Fakat bildiğim bir şey var, burada oluşumuz imtihan sebebidir. İmtihanı kazananlar cennette ebedî yaşayacaklardır. Kaybedenlerin mekânı cehennem olacaktır. Vakit varken kendini kontrol et, "Ben hangisine adayım?" diye sor. Yol güzergâhını belirle. Hedefine kilitlen. Sabırla yoluna devam et. Allah'a dua et. İnşallah başaran ve kazananlardan olursun.

***

Dünyadan ahirete doğru devam eden yolculuğa imanımızı kuvvetlendirerek başlamalıyız. İman sağlam olmazsa diğer amellerimizin bir değeri olmayacaktır. Önce sağlam bir iman sahibi olmalıyız. Ehl-i Sünnet âlimlerimizin itikada dair yazdıklarını öğrenmelisin. Bendeniz burada kısaca, "Niçin Allah'a inanıyoruz?" ve "Nasıl bir Allah'a inanmalıyız?" sorularına Kur'an ve sünnet çerçevesinde cevap vermeye çalışacağım. Rabbim bendenize razı olacağı bilgileri paylaşmayı size de doğru bilgileri öğrenmeyi nasip eylesin. Amin.

Niçin Allah'a İnanıyorsun?

Aynanın karşısına geçtiğimde, "Aynada gözüken beni kim yarattı?" diye soruyorum. Bu sorunun cevabını ararken ne kadar özel olduğumu görüyorum. Benim bir benzerim yok. Kimsenin gündeminde yokken beni gündemine alan biri var. O da Allah'tır. Beni bana ödünç veren ve bana lazım olan her şeyi ben dünyaya gelmeden hazır eden O'dur. Yoksa ben nereden bilecektim süte ihtiyacım olduğunu? Bu sütü nereden karşılayabilirdim? Bunu bana hazır eden ve beni çok seven bir Rabbim var. O kadar çok seviyor ki bana lazım olan her şeyi karşılayacak olan annemi benim hizmetime veriyor. Hizmette kusur etmesin diye de kalbine sevgi, merhamet ve şefkat koyuyor. Yıllarca bana hizmet ettiriyor. Hangi bedelle bunun karşılığını ödeyebilirim?

Kendime bakmaya devam ediyorum. Yüzüme dikkatlice baktığımda her şeyin yerli yerince olduğunu fark ediyorum. Beni bana sorsalardı yaratmadan önce, bu kadar güzel yapabilir miydim? Asla. O, her şeyi yerli yerince yapmış. Dünyayı ve içindekileri görebilmem için göz vermiş, ona tenime uygun bir de renk vermiş. Korunması için bir kapak bir de üstte ayrıca bir güvenlik duvarı olarak kaş vermiş. O kaşımdaki bir kılı yaratmaya gücüm yeter mi benim? Hangisi fazla diyebilirim? Bu enfes ahengi Rabbimden başka kim yapabilir?

Elime aldığım bir telefonun, kendi kendine olduğuna inanıyor muyum? Hayır. Neden? Çünkü onu tasarlayan biri var. Sonra onu imal eden bir fabrika var. Onu bana ulaştıran bir pazarlamacı var. Bunları aradan çıkarıp, "Bu, kendiliğinden oluşmuş ve bana gelmiştir," desem ne kadar abes olur değil mi? Nasıl olur da küçük bir âlem olan kendimi, kendiliğinden var olmuş sayabilirim? Beni var eden biri var. O da Allah'tır.

Yaratılışım gereği ben, beni yaratana muhtacım. Sıkıldığımda, bunaldığımda, "Bittim!" dediğimde, O'na seslendiğimde O'nun varlığını yüreğimde hissediyorum. O'nun varlığını bilmek bile bana huzur veriyor. Dua ettiğimde bana icabet ediyor.

Her uçağa bindiğimde, yerden kalkarken ibretle bakarım yere ve yerdekilere. Yerden yükseldikçe ne kadar da küçük olduğumu fark eder, küçüldükçe küçülürüm. Yerde dolaşırken kendine güvenen ve her şeyin sahibi olduğunu düşünen ben, meğer ne kadar acizmişim. Yükseldikçe insanlar bir nokta halinde görünüyor sonra da evler ve diğer şeyler... Bir de bakıyorum, koca şehir avuç içi kadar kalmış. Bundan sonra hayal ediyorum ve dünyanın dışına çıktığımı düşünüyorum. O zaman dünyanın bir nokta gibi kaldığını tasavvur ediyorum. Allah'ın yarattıklarından sadece bir gezegen bu. Hele bir de diğerlerini düşünmeye başlayınca, "Tamam Allah'ım varsın, birsin ve teksin," diyorum.

Bu satırları yazarken dışarıda kar yağıyor. Muhteşem bir ahenk içinde indirilen kar tanelerini seyrediyorum. Ne de güzel iniyorlar. Yoksa bunları indiren biri mi var? Yağmur damlaları da öyle değil mi? Hiç biri diğerine çarpmadan nasıl da bir düzen içinde indiriliyor. Gel de iman etme! Bütün bu güzellikleri ikram eden Allah'ım, seni seviyorum.

Şehir aydınlığından uzak köylere veya yaylalara çıktığımda geceleyin gökyüzünü seyretmeye bayılırım. Direksiz gökyüzünü kim tutuyor? Bunca yıldız ve gezegen nasıl birbirine çarpmadan kendi yörüngesinde hareket ediyor? Bütün bunları yöneten ve bizim hizmetimize veren Rabbimi düşünür ve gözyaşlarıma hâkim olamam. Yerleri ve gökleri yöneten ve bize hizmet ettiren Rabbimize binlerce şükür.

Beni insan yapan, bana rehber olarak peygamber ve kitap gönderen ve varlığından haberdar eden Rabbime nasıl inanmam? Her şey O'nun varlığını haykırıyor.

Güzel bir gül gördüğümde rengine bakar, hayran olurum; onu koklar mest olurum. Sonra, "Bu gül bu kadar güzelse bu gülü var eden Rabbim ne kadar güzeldir," diye düşünürüm.

Hele cenneti ve cennette mümin kullarına cemalini göstereceğini hatırladıkça heyecanım artar. "Rabbim cemalini görenlerden eyle," diye dua cümleleri dökülür dudaklarımdan.

Nereye baksam her şey bana Rabbimi hatırlatıyor. Söyler misin bana ey nefsim, Rabbimin imzası olmayan bir şey var mı şu gördüklerin arasında? Ne demişler, "Görenedir görene... Köre ne ki?"

Nasıl Bir Allah'a İnanıyorsun?

Bu sorunun cevabı benim için hayati önem taşıyor. Doğru cevabı bulamazsam rotasını kaybetmiş gemi gibi olurum. Öyle bir Allah'a inanıyorum ki o beni yaratan, yaşatan, rızıklandıran, terbiye eden, öldükten sonra hesaba çekecek, cennetine veya cehennemine sevk edecek olan bir Rab'dır...

Eşi ve benzeri olmayan, yarattıklarına asla benzemeyen, varlığı kendinden olan, öncesi ve sonrası olmayan, hem çok aşikar hem de çok gizli olan, beni benden daha iyi bilen bir ilahtır...

Bütün kâinatı yaratan, yöneten, yüceler yücesi...

Kendisine inanıp sığınana güven veren, korktuğundan emin kılan, gözetip koruyan, mutlak galip ve her istediğini yapma gücüne sahip olandır.

Bütün kutsiyet kendisine aittir. Kullarını selamete erdirendir. Yaptığı her işi hikmetle yapandır.

O, doğmadı. Baba da olmadı.

Her varlık O'na muhtaçtır. O, hiçbir şeye muhtaç değildir. Kendinden yardım istenecek tek varlıktır. Hiçbir şey O'na denk değildir. O tek bir Allah'tır.

Sözü uzatmadan, dağıtmadan sözün sahibine bırakalım. Rabbimiz kendini kullarına nasıl tanıtıyor? Bu sorunun cevabını hayat kitabımız Kur'an'da arayalım. Rabbimiz buyuruyor ki:

"Ancak sizin ilâhınız, kendisinden başka hiçbir ilâh olmayan Allah'tır. O her şeyi ilmi ile kuşatmıştır."(Tâ-Hâ, 20:98)

"O'ndan başka hiçbir ilâh yoktur, diriltir ve öldürür. (O,) sizin de Rabbiniz, önceki atalarınızın da Rabbidir."(Duhân, 44:8)

"De ki: Bana, 'İlâhınız ancak bir tek ilâhtır,' diye vahyolunuyor. Artık (buna göre) Müslüman oluyor musunuz?"(Enbiyâ, 21:108)

"Allah: 'İki ilâh edinmeyin. O, ancak bir tek ilâhtır. Yalnız benden korkun (bana kulluk edin)!' buyurdu."(Nahl, 16:51)

"(O,) doğunun ve batının Rabbidir. O'ndan başka hiçbir ilâh yoktur. Yalnız O'nu vekil tut (O'na bağlan ve yalnız O'na kulluk et)."(Müzzemmil, 73:9)

"Eğer göklerde ve yerde Allah'tan başka ilâhlar olsaydı, elbette ikisi(nin idare ve düzeni) de bozulurdu. Arşın Rabbi olan Allah, onların uydurup yakıştırdıkları sıfatlardan yüce (ve münezzeh)tir."(Enbiyâ, 21:22)

"Nitekim, senden evvel hiçbir peygamber göndermedik ki ona: 'Şüpheniz olmasın ki benden başka hiçbir ilâh yoktur, o halde bana kulluk edin!' diye vahyetmiş olmayalım. 'Rahmân (olan Allah) çocuk edindi,' dediler. O'nun şânı yücedir (ve bunlardan uzaktır). Hayır! Onlar(ın evlat dedikleri melekler) kerîm (şerefli) kullardır."(Enbiyâ, 21:25-26)

"Eğer Allah bir oğul edinmek isteseydi, yarattıklarından dilediğini seçerdi. O yücedir (bundan münezzehtir). O tek ve kahretmede sonsuz güç sahibi olan Allah'tır."(Zümer, 39:4)

"(Kâfirler:) 'Allah çocuk edindi,' dediler. Hâşâ! O, bundan uzak ve yücedir. O (hiçbir şeye) muhtaç değildir. Göklerde ve yerde olan şeyler sadece O'nundur. Bu (çocuk sahibi olma) husus(un)da yanınızda hiçbir (ilmî) delil yoktur. Siz, Allah hakkında bilmediğiniz şeyi mi söylüyorsunuz?"(Yûnus, 12:68)

"(O) gökleri ve yeri hak (olarak ve hikmet) ile yarattı. O, geceyi gündüzün üzerine sarar, gündüzü de gecenin üzerine sarar (her birini uzatıp kısaltır). Güneşi ve ayı emri altına aldı (ve insanların faydasına verdi). Her biri, muayyen bir vakit için (yörünge ve mihverinde) cereyan etmektedir. İyi bilin ki O mutlak galiptir, çok bağışlayandır."(Zümer, 39:5)

"'Hiçbir çocuk edinmeyen, mülkünde (hâkimiyetinde) ortağı olmayan, acizliği olmadığından dolayı da bir yardımcıya ihtiyacı bulunmayan Allah'a hamdolsun,' de ve O'na tekbir getir (büyüklüğünü ilan et)."(İsrâ, 17:111)

"Allah kendisinden başka hiçbir ilâhın olmadığına şehadet etmiş (bildirmiş)tir. Melekler ve (adaletli) ilim sahipleri de dosdoğru (bu gerçeğe iman ve ikrar ile) şehadet ettiler. O'ndan başka ilâh yoktur. O, mutlak galip, hüküm ve hikmet sahibidir."(Âl-i İmrân, 18)

"Ölüden diriyi, diriden ölüyü O çıkarır. Yeri, ölümünden sonra O diriltiyor. İşte tıpkı bunun gibi, siz de (kabirlerinizden diriltilip) çıkarılacaksınız. Sizi (ilk önce) topraktan yaratması, O'nun âyetlerinden (kudretinin delillerinden)dir. Sonra da siz, çoğalıp (yeryüzüne) yayılmış insanlarsınız. Kaynaş(ıp huzura kavuş)manız için size kendi (cinsi)nizden zevceler yaratması ve aranıza sevgi ve merhamet koyması O'nun (kudretinin) delillerindendir. Şüphesiz ki bunda düşünen bir toplum için elbette ibretler vardır. Gökleri ve yeri yaratması, dillerinizin ve renklerinizin değişik olması da O'nun (kudretinin) delillerindendir. Şüphesiz bunda, bilgili (kimse)ler için ibretler vardır. Gece ve gündüz gerek uyumanız, gerekse O'nun lütfundan (rızkınızı) aramanız, O'nun (kudretinin) delillerindendir. Şüphesiz bunda işiten bir toplum için elbette ibretler vardır. Size bir korku ve (yağmur) ümidi vermek için şimşeği göstermesi, gökten yağmur indirip onunla ölümünden sonra yeri diriltmesi de, O'nun (kudretinin) delillerindendir. Şüphesiz bunda akıl erdirecek bir toplum için elbette ibretler vardır. Göğün ve yerin O'nun emriyle (bu şekilde) durması, O'nun (kudretinin) delillerindendir. Sonra sizi yattığınız yerden çağırdığı zaman hemen (kabirlerinizden) çıkacaksınız. Göklerde ve yerde bulunanlar O'nundur. Hepsi O'na boyun eğmektedirler. (Mahlûkâtı) ilkin yaratan, (öldükten) sonra onu (mahşer günü aynen yaratmayı) tekrar edecek olan O'dur. Bu, O'na göre pek kolaydır. Göklerde ve yerde en yüce sıfat(lar) O'nundur. O, mutlak galiptir, mutlak hüküm ve hikmet sahibidir."(Rûm, 30:19-27)

"Ölü toprak, onlar için bir ibret (kudretimize bir delil)dir. Biz onu dirilttik, ondan taneler çıkardık; işte ondan yemektedirler. Orada hurmalıklardan ve üzüm bağlarından nice bahçeler var ettik; (onların) içlerinden de pınarlar fışkırttık. Bunları, mahsulden ve ellerinin yaptıklarından yesinler diye yaptık. Hâlâ şükretmezler mi? Yerin bitirdiği her şeyden, (insanların) kendilerinden ve daha bilemeyecekleri nice şeylerden çift çift yaratan (Allah')ın şânı pek yücedir. Gece de onlar için bir ibret (ve kudretimize bir delil)dir. Biz ondan gündüzü sıyırıp çıkarırız. Bir de (bakarsın ki) onlar karanlığa girmişlerdir. Güneş de (bir delildir ki) kendi karargâhında (mihveri etrafında muntazam olarak) cereyan etmekte (dönerek gitmekte) dir. Bu mutlak galip, hakkıyla bilen (Allah')ın takdiridir. Aya gelince; biz ona (dünyanın etrafında günlük devri ve seyri için) birtakım menziller tayin ettik ki (her aylık devrinin) sonunda o, (kurumuş) eski hurma salkımının eğri çöpüne döner (son ve ilk hilâl şeklini alır). Ne güneş aya erişir (geceyi önler) ne de gece gündüzü geçer (zamansız gelir). (Güneş, ay, dünya ve yıldızların) hepsi de bir felekte (bir yörüngede) yüzmektedirler."(Yâsîn, 36:33-40)

Bu ayetlerle, Rabbimiz bize kendini tanıtıyor. Ayetlerin her biri herhangi bir açıklama ve yoruma ihtiyaç duymadan her seviyeden insanın anlayabileceği açıklıkta. Gel de tefekkür etme. Gel de hayranlık içinde secdeye kapanma. Gel de şükretme!

Bizden öncekilerin, inanç konusunda düştükleri hatalara açık ve net bir şekilde cevap veriyor. İmanlarına nasıl şirk karıştırdıklarını gösteriyor. "Siz de onlar gibi olmayın," diyerek bizleri uyarıyor, çünkü Rabbimiz kullarını biliyor.

Aziz kardeşim, biz de Rabbimizi tarif ettiği gibi bileceğiz. Şirk karıştırmadan iman edeceğiz. Bizden önceki milletlerin sapıklığına saplanmayacağız. O'nun büyüklüğü karşısında iki büklüm olacağız, aczimizi itiraf ederek yalvaracağız. Ve büyüklerimizin sözlerini duygularımıza tercüman edip şöylece nida edeceğiz:

Allahım!

Sen benim Rabbimsin, ben ise Sen'in bir kulunum.

Sen her şeyi yaratan Hâlık'sın, ben ise Sen'in bir mahlûkunum.

Sen rızık veren Rezzâk'sın, ben ise Sen'in rızkınla beslenen bir merzûkunum.

Sen mülk sahibi Mâlik'sin, ben ise Sen'in kölen olan memluküm.

Sen gerçek izzet sahibi olan Azîz'sin, ben ise âciz ve zelilim.

Sen hazîneleri bitmeyen zenginlik sahibi Ganî'sin, ben ise Sen'in ihsanına muhtaç fakr-ı mutlak içinde bir fakirim.

Sen gerçek hayat sahibi Hayy'sın; ben ise Sen'in hayat verişin olmasa, bir ölüyüm.

Sen varlığı ebedî olan Bâkî'sin, ben ise gelip geçici bir fânîyim.

Sen sonsuz izzet ve şeref sahibi Kerîm'sin, ben ise zillet ve kötülükler içinde bocalayan bir leîmim.

Sen sonsuz ihsan sahibi Muhsin'sin, ben ise günah ve kötülük işleyen bir âsiyim.

Sen günahları bol bol bağışlayan Gafûr'sun, ben ise bir günahkârım.

Sen sonsuz azamet ve büyüklük sahibi Azîm'sin, ben ise küçük ve değersiz bir hakîrim.

Sen gerçek kudret ve kuvvet sahibi Kavî'sin, ben ise sınırsız acz içinde bir zaifim.

Sen bağış ve ihsanı veren Mu'tîsin, ben ise lûtuf ve ikramına muhtaç bir dilenciyim.

Sen her türlü zarar ve korkudan uzak Emîn'sin, ben ise maddî ve mânevî korkular içinde biriyim.

Sen cömertlik sahibi Cevâd'sın, ben ise Sen'in cömertliğine muhtaç bir miskinim.

Sen kullarının duâlarına cevap veren Mucîb'sin, ben ise ise Sana yalvaran duâcıyım.

Sen şifa veren Şâfî'sin, ben ise türlü türlü dertlere mübtelâ bir hastayım.

Öyleyse Sen benim günahlarımı affet, hatalarımı bağışla, hastalıklarıma şifâ ver.

Ey bütün kemâl sıfatlarla muttasıf olan Allah,

Ey her şeye bedel, her şeye yeten Kâfi,

Ey mahlûkatını besleyip büyüten ve mânilerini def' eden Rab,

Ey va'dini mutlaka yerine getiren Vâfi,

Ey kullarına pek şefkatli olan Rahîm,

Ey maddî ve mânevî hastalıklara şifa veren Şâfî,

Ey ikram ve ihsânı bol olan Kerîm,

Ey belâ ve musîbetleri def' edip âfiyet veren Muâfi!

Benim bütün günahlarımı bağışla, her türlü hastalığa karşı bana âfiyet ver, beni ebediyen rızâna mazhar eyle.

Bunu rahmetinle ihsân eyle ey Erhame'r-Râhimîn.

Niçin Peygambere İhtiyaç Var?

Allah, merhametliler merhametlisidir. Kullarını yaratmış, onların ihtiyacı olan her şeyi hazır etmiş, varlığından haberdar etmiş, insanlara kendi içlerinden Rabbini anlatacak peygamberler göndermiş. Kendini tanıtacak kitaplar ve sayfalarla peygamberlerini desteklemiştir. Rabbimizin biz kullarına peygamber göndermesi rahmetinin gereğidir.

"Doğrusu biz, Rabbinden bir rahmet olarak (öteden beri peygamberler) göndermekteyiz. Şüphesiz O, hakkıyla işitendir, bilendir."(Duhân, 44:5-6)

Rabbimiz verdiği akılla kendisini bulmamızı ve tanımamızı isteyebilirdi. Yarattıklarından kendisine ulaşmamız akılla mümkündü. O kullarına karşı çok merhametli olduğu için işi yokuşa sürmemiştir. Bizim içimizden bizim gibi yiyip içen bir insanı görevlendirmiştir. İsteseydi meleklerden bir peygamber gönderebilirdi. Onu izlememizi emrederdi. Biz de onların yolunu takip ederdik. Fakat böylesi bizim için çok zor olurdu. Melekler bizim gibi iradesi olan varlıklar değildir. Onlar neye programlandıysa ona göre hareket ederler. Kendiliklerinden bir şey yapamazlar. Onların yaptıklarına biz güç yetiremezdik. Yaratan(cc) yarattığını iyi bildiği için bize bizden rehberler gönderdi. Bizim ortaya koyacağımız bütün bahaneleri bir bir ortadan kaldırmıştır.

"Kendilerinin işlediği (günahlar) yüzünden onlara bir felaket isabet edince: 'Ey Rabbimiz! Bize bir peygamber gönderseydin de senin âyetlerine uyarak mü'minlerden olsaydık,' diyecek olmasalardı (seni peygamber göndermezdik. Bu bahaneyi kaldırmak için seni gönderdik.)"(Kasas, 28:47)

Niçin peygambere ihtiyaç vardı diye sorulacak olursa, Rabbimizin emirlerini açıklaması, yaşayarak örnek olması ve Rabbimizin varlığına şahitlik etmesi içindir deriz. Nefsimizin birçok itirazına peygamberler vasıtasıyla cevap buluyoruz. "Ya Rabbi ben bu emrini anlayamadım. Anlasaydım gereğini yapardım. Anladım fakat nasıl uygulayacağımı bilemedim. Senin varlığını bu aklımla kavrayamadım vb." Peygamberlerin varlığı bütün bahanelerimizi ortadan kaldırmıştır. Ve Rabbimiz peygamber göndermediği hiçbir topluluk bırakmamıştır. Peygamber göndermediği toplumları sorumlu tutmayacağını bildirmiştir.

"Her ümmetin bir peygamberi vardır."(Yûnus, 10:47)

"Biz, hiçbir memleketi, o(nun halkı)na öğüt veren/hatırlatan (gönderdiğimiz) uyarıcılar olmadıkça helak etmedik. Biz zulmedenler değiliz."(Şu'arâ, 26:208-209)

"Hiçbir ümmet yoktur ki (onların) içinden bir korkutan uyarıcı (peygamber) gelip geçmiş olmasın."(Fâtır, 35:24)

Peygamberler, bizi karanlıktan aydınlığa çıkarır. Şeytanın yolunu izleyip yolda kalmaktan kurtarır. Bizden öncekilerin düştüğü hatalara düşmekten kurtarmaya çalışırlar. Onlar dalaletten hidayete rehberdir. Rabbimiz, şefkatinden bize ikramda bulunmuş ve ayetlerini açık açık indirmiştir.

"Sizi (her türlü) karanlıklardan aydınlığa çıkarmak için kuluna açık açık âyetleri indiren O'dur. Şüphesiz ki Allah, size karşı çok şefkatli, çok merhametlidir."(Hadîd, 57:9)

Rabbimizin şefkat ve merhametine rağmen bazı kullar nefsine uymuş kendine zulmetmiştir. Haktan bâtıla meyletmiş, dosdoğru yolu bırakıp karışık yollara yönelmiş, şeytanın fısıltısına kulak vermiş, peygamberlerin davetine duyarsız kalmıştır. Bu zulüm yaygınlık kazanınca, Allah'ın azabı da onları kıskıvrak yakalamıştır. Başlarına gelen musibetler kendi işledikleri yüzündendir. Kitabımızda onların kıssaları bizlere anlatılmıştır.

"Andolsun ki biz her ümmete: 'Allah'a kulluk edin ve (Allah'ın emirlerini yapmaktan meneden ve hevâsına göre dine ait hüküm koyup tanrılık taslayan) tâğûttan kaçının,' diye tebliğde bulunan bir peygamber gönderdik. Onlardan kimine Allah (niyet ve gayretine göre) hidayet etti, kiminin hakkında da (kötü niyet ve amellerine göre) sapıklık (sıfatı) kesinlik kazandı. İşte, gezin dolaşın yeryüzünde de (peygamberleri) yalanlayanların sonu nasıl oldu bakın!"(Nahl, 16:36)

Müslümana yakışan yol rehberine itaat etmek, O'nun izinden yürümek, başka izlere uyarak yönünü şaşırmamaktır. Zaman içinde Allah'ın yolundan ayıracak sahte izler ve sistemler yolunu kesebilir. Bunlara kanmamalısın. Bugün öyle sahte kahramanlar ve sistemler ortaya çıkmıştır ki insan nereye gideceğini şaşırmıştır. Hele de vahiyle tanışmamış olanların işi çok zordur. Sen aziz yolcu, Peygamber'inin izini sür, yolunu izle, sahte kahramanlardan uzak dur. Yoksa Allah'ın azabı sana da dokunur. Ve o gün seni bu azaptan kimse kurtaramaz.

"Peygamber size neyi verdiyse onu alın, size neyi yasak ettiyse ondan da vazgeçin. Allah'a saygılı olup emirlerine uygun yaşayın/aykırı davranmaktan sakının. Çünkü Allah'ın azabı çetindir."(Haşr, 59:7)

Bizi, Rabbimizin rızasına erdirecek ve cennete götürecek bir yol var. O da âlemlere rahmet olarak gönderilen Hz. Muhammed'in(sav) yoludur. Merhum şairimiz Mehmed Âkif ne güzel söylemiş:

Allah'a dayan, sa'ye sarıl, hikmete râm ol...
Yol varsa budur, bilmiyorum başka çıkar yol!

Bir başkası ise şöyle özetleyivermiş söylemek istediklerimizi:

Biz Kur'an'ın hadimleri
Pür imanlı ve zindeyiz
Biz bu yoldan dönmeyiz asla
Peygamberin izindeyiz...

"Biz, bütün peygamberleri ancak Allah'ın izni (emri) doğrultusunda kendilerine itaat edilsin diye gönderdik."(Nisâ, 4:64)

"(Ey Resûlüm!) De ki: 'Allah'ı seviyorsanız bana uyun ki Allah da sizi sevsin ve günahlarınızı bağışlasın. Çünkü Allah çok bağışlayan ve merhamet edendir.'"(Âl-i İmrân, 3:31)

"Her kim de kendisine doğru yol (İslâm) belli olduktan sonra, Resûl'e karşı tavır koyar (emirlerini beğenmez) ve (Resûlü örnek alan) mü'minlerin yolundan başkasına uyarsa, onu döndüğü (ve seçtiği o sapık) yolda bırakırız. Sonra kendisini cehenneme atarız. O ne kötü bir gidiş yeridir!"(Nisâ, 4:115)

Nasıl Bir Peygambere İnanıyorsun?

İzini sürdüğün ya da takip etmek istediğin rehberini tanıyor musun? Nasıl bir peygambere inanıyorsun? Bu sorulara cevap arayalım. Onu bize en iyi tanıtacak yine Rabbimizdir. Rabbimizin mesajına yönelelim.

"(Ey insanlar!) Andolsun ki size kendinizden öyle bir peygamber geldi ki, sıkıntıya uğramanız ona çok ağır gelir! Size çok düşkün, mü'minlere karşı çok şefkatli, çok merhametlidir."(Tevbe, 9:128)

Öyle bir peygamber ki bizi bizden daha çok düşünüyor. Geceleri sabahlara kadar bizim için Rabbine yalvarıyor. Kendini heba edercesine ümmeti için çalışıyor. Bize çok düşkün, merhametli ve şefkatli bir peygamber. Sıkıntıya düşmemizden, bizden daha çok etkileniyor. Miraç'ta Rabbiyle aracısız görüşmesinde bile bizi unutmayıp anıyor.

Bizim gibi bir insan. Fakat Rabbinin vahyi ile destekleniyor. Daveti, tek bir ilaha iman etmek! Aşırı yüceltilmekten kendini uzak tutan ve daha önceki ümmetlerin düştüğü hataya düşmememiz için uyaran bir peygamber.

"Hıristiyanların, Meryem oğlu İsa'yı övdüğü gibi bâtıl ve aşırı surette siz de beni övmeyin. Ben Allah'ın kuluyum. Benim için Allah'ın kulu ve Resulü deyin."(Buhârî, Enbiya, 50)

"(Resûlüm!) De ki: 'Ben ancak sizin gibi bir insanım. Yalnız bana vahyediliyor ki: Sizin ilâhınız, ancak bir tek ilâhtır.'"(Fussilet, 41:6)

O sadece Arapların veya Kureyşlilerin peygamberi değil, bütün insanlığa gönderilmiş bir peygamber. Hatta bütün yaratılmışlara rahmet olarak gönderilmiş ins ü cinin peygamberi. Rabbimizin fermanıyla âlemlerin peygamberi:

"(Ey Muhammed!) Biz seni âlemlere ancak bir rahmet olarak gönderdik."(Enbiyâ, 21:107)

Bütün insanlara Rabbinin emirlerine uyup rızasını kazandıklarında cennetle müjdeleyen; şeytana ve nefse uyup yoldan çıktıklarında karşılaşacakları azapla uyaran; nefsinden bir şey söylemeyip Rabbinin emirlerine tercüman olan rahmet peygamberi... Fakat insanoğlu cahil ve nankör olduğu için bunun farkında değil.

"(Resûlüm!) Biz seni bütün insanlara ancak müjdeleyici ve uyarıcı (bir peygamber) olarak gönderdik. Fakat insanların çoğu (bunu) bilmezler."(Sebe', 34:28)

O, atası Hz. Âdem'den(as) beri gelen tevhidî hakikatin son temsilcisiydi. Onların getirdiklerini tasdik eden, sonradan karıştırılanları ayrıştıran ve aralarında bir fark gözetmeyen, Hz. İbrahim'in(as) duası, Hz. Musa'nın(as) özlemi, Hz. İsa'nın(as) müjdesi ve Hz. Âmine'nin rüyasıydı.

Âshab-ı Kiram, bir gün sohbet esnasında sorarlar: "Ya Rasulallah! Bize biraz kendinizden bahsetseniz." Peygamber Efendimiz(sav) bunun üzerine şöyle buyurur:

"Ben babam İbrahim'in duasıyım. O, Kâbe'nin duvarlarını yükseltirken, 'Ey Rabbimiz! Onlara zürriyetimden bir peygamber gönder,' diye dua etmişti. Ben İsa'nın müjdesiyim. Ve ben annem Âmine'nin rüyasıyım."[1]

Bu hakikati şu ayetler tasdik etmektedir:

"Hani Meryemoğlu İsa da: 'Ey İsrâiloğulları! Şüphesiz ben, Allah'ın size gönderdiği peygamberiyim. Benden önce gelen Tevrat'ı tasdik edici ve benden sonra gelecek, adı Ahmed olan bir peygamberi de müjdeleyici olarak geldim,' demişti."(Saff, 61:6)

"Hani İbrahim Beyt(ullâh)'ın temellerini İsmail ile beraber yükseltirken (şöyle dua etmişti:) 'Ey Rabbimiz! Bizden (yaptığımızı) kabul buyur. Şüphesiz sen (bizi hakkıyla) işiten ve bilensin.' 'Ey Rabbimiz! İkimizi de sana teslim olanlardan kıl; soyumuzdan da sana boyun eğen (Müslüman) bir ümmet meydana getir; bize ibadet yer (ve usul)lerini göster, (kusurlarımızı affedip) tevbemizi kabul buyur. Çünkü sen, tevbeleri çokça kabul eden ve çok merhamet edensin.'

'Ey Rabbimiz! Onlara içlerinden, senin âyetlerini kendilerine okuyacak, onlara Kitab'ı ve hikmeti öğretecek ve onları (şirkten ve kötülükten) arındıracak bir peygamber gönder. Şüphesiz sen, azîz ve hakîm (hüküm ve hikmet sahibi)sin.'"(Bakara, 2:127-129)

Peygamberler arasında ayrım yapanlardan değiliz. İman esaslarımızdan biri de Rabbimizin gönderdiği bütün peygamberlere iman etmektir. Hepsinin davet ettiği imanın özü, Kelime-i Tehhid'dir. Fakat peygamberlerin ahirete irtihallerinden sonra

1 Ahmed b. Hanbel, Müsned, 4/127, 5/262; D. Pusmaz, *En Güzel Rehber Hz. Peygamber*'den naklen, s.15

insanlar nefislerine uyarak dinin özünü değiştirmeye başlamışlar ve sapıtmışlardır. Bunun iki örneğini Yahudi ve Hıristiyanlarda görüyoruz. Onlar hakkında ayrıntılı bilgi vererek Rabbimiz Müslümanları uyarmaktadır. Onların bu sapkın davetine Rabbimizin uyarısı ise şöyledir:

> "Bir de (Yahudiler, Müslümanlara): 'Yahudi olun.' (Hıristiyanlar ise:) 'Hıristiyan olun ki doğru yolu bulasınız,' dediler. (Onlara) de ki: 'Hayır, biz (küfür ve şirkten uzak kalıp) 'bir tek Allah'a yönelen' İbrahim'in (Hanîf) dînine uyarız. O, (Allah'a) ortak koşanlardan değildi.'"(Bakara, 2:135)
>
> "(Ey mü'minler!) Onlara deyin ki: 'Biz Allah'a ve bize indirilen (Kur'ân-ı Kerîm')e, İbrahim'e, İsmail'e, İshak'a, Yakub'a ve torunlarına indirilene; Musa ve İsa'ya verilenlere, diğer peygamberlere Rableri tarafından verilen (kitap ve sayfa) lara iman ettik. Biz onların hiçbiri arasında (inanç yönünden) asla ayırım yapmayız. Biz ancak O'na teslim olan (Müslüman) larız.'"(Bakara, 2:136)

Günde en az kırk defa okuduğumuz mübarek Fâtiha Suresi'nde peygamberlerinin izini kaybetmiş, nefislerine uyarak sapıtmış olanların yolunu izlememememiz konusunda Rabbimiz bizden söz alıyor. İzlenecek yol, son peygamber, âlemlere rahmet olarak gönderilen, müjdeleyici, uyarıcı, korkutucu olan Hz. Muhammed'in(sav) yoludur. O'nun yolunu izleyen sıddıkların, şehidlerin ve salihlerin yoludur. Burada bizlere düşen görev bu kutlu peygamberi Rabbimizin tarif ettiği gibi tanımak, getirdiği şeriatı yaşamak ve tebliğ edip yaşatmaktır.

Allah Resulü'nü tanımanın yolu Kur'an'ı okumak ve anlamakla başlar. Siretini okumakla devam eder. Mübarek hadislerini okumakla kemâle erer. O yaşayan Kur'an'dı. Sözü Kur'an'ın tefsiriydi. Kendi nefsinden bir şey söylemezdi. En güzel örnekti.

Hayat Dünyadan İbaret Değil

Dünyada en uzun yaşayan kaç yıl yaşıyor bir bak çevrene. En fazla yüz yıl veya biraz daha fazlası. Sonra hiç kimsenin inkâr edemeyeceği gerçekle yüzleşiyorsun. Ne kadar yaşarsan yaşa sonunda öleceksin. Hiç kimsenin inkâr edemeyeceği gerçek bu. Madem ölüm var, dünya hayatı sonsuz değil, öyleyse bundan sonraki hayatı hesaba katarak hayatını sürdürmelisin. Sen de inanıyorsun ki asıl hayat ahiret hayatıdır.

Ahiret hayatı sınırsız ve ebedîdir. Burada kazandıklarımızın karşılığını orada bulacağız. Orada mutlak adalet var. Adam kayırma yok, kimseye iltimas geçilmeyecek. Her hak sahibi hakkını alacak. Eğer iman etmez, salih amel işlemezsen peygamber evladı olman bile sana fayda vermeyecektir. Rabbimiz bunun misallerini bize yüce kitabımızda anlattı. İşte bunun en can alıcı misali Hz. Nuh'un(as) oğludur. Sevgili Peygamberimiz de aynı uyarıyı biricik kızı Hz. Fâtıma'ya(ra) yaptı. "Aman kızım babanın peygamberliğine güvenme, o gün herkes kendi ektiğini biçecek," diye ikaz etti. Bize ne oluyor ki babamızın, dedemizin dindarlığı ile veya soyumuzun asaleti ile kendimizi avutuyoruz. Onlar kendi hesabına yaşadılar, biz de kendi hesabımıza yaşıyoruz. Onların hesabıyla bizimki ayrı olacak.

"Fani dünya hoştur ama ahiri mevt olmasa," demiş büyüklerimiz. Dünya lezzetleri nefse hoş geliyor, onu tahrik ediyor. Hiç ölmeyecekmiş gibi isteklerimiz arzularımız var. Kimimiz gençliğinin esiri, kimimiz zenginliğinin veya şöhretinin. Fakat bunların hepsi geçici. İyi değerlendirilmemiş bir ömür geleceğimizi karartıyor. Öyleyse sen aklını kullan ve seni ebedîleştirecek bir hayatı hedefle. Bunun da ölçüsü yaptığın her işe, "Allah razı mı değil mi?" terazisinde tart ve ona göre yaşamaya bak. Ölümü de aklından hiç çıkarma. Ölenler sadece yaşlılar ve hastalar da değil. Her an ölecekmiş gibi hazırlıklı yaşayanlar inşallah geleceğini kurtaracaktır.

Rabbimizin hayat veren uyarılarını okuyalım:

"Nerede olursanız olun ölüm sizi yakalar; titizlikle korunan muhkem/sağlam kaleler içinde olsanız bile!"(Nisâ, 4:78)

"Dediler ki: '(Hayat) dünya hayatından başkası değildir. Ölürüz de, yaşarız da. Bizi zamandan başkası helak etmiyor.' Hâlbuki onların bu hususta hiçbir bilgisi yoktur. Onlar sadece (böyle) zannediyorlar.

Onlar(ın, kendilerine) açık açık âyetlerimiz okunduğu zaman: 'Eğer doğru söyleyenler iseniz (ölmüş) atalarımızı getirin,' demelerinden başka delilleri yoktur.

De ki: 'Size Allah hayat veriyor, sonra sizi O öldürecek. Nihayet sizi, hakkında hiç şüphe olmayan kıyâmet günü O bir araya toplayacaktır.' Fakat insanların çoğu bilmezler."(Câsiye, 45:24-26)

"Her canlı (nefis) ölümü tadacaktır. Ecirleriniz (yaptıklarınızın karşılıkları) ancak kıyâmet günü tastamam verilecektir. (O gün) kim ateşten uzaklaştırılır da cennete konulursa, artık o gerçekten kurtuluşa ermiştir. Bu dünya hayatı, ancak aldatıcı bir metâ (geçici zevk ve faydalanma)dan ibarettir."(Âl-i İmrân, 3:185)

"De ki: 'Sizin hakikaten kendisinden kaçtığınız(ı zannettiğiniz) ölüm var ya, kesinlikle o, sizi gelip bulacak, sonra (hepiniz) gizliyi de, âşikârı da bilen (Allah')a döndürüleceksiniz. O, yapmakta olduğunuz şeyleri size haber verecektir.'"(Cum'a, 62:8)

"(Bilin ki) Allah, hiçbir canı, eceli geldiği zaman, asla geri bırakmaz. Allah, yaptıklarınızdan hakkıyla haberi olandır."(Münâfikûn, 63:11)

Az veya çok yaşasan da sonunda öleceksin. Ölüm yokluk değil, bunu bilesin. Ölümden sonra asıl hayat başlıyor. Orada bulacaklarını buradan götüreceksin. Hazırlığını sağlam yapmalısın. Orası kazanma yeri değildir. Burada ne ekersen orada onu biçeceksin. Cennet nimetleri veya cehennem ateşi burada kazanılır.

İman edenler için asıl hayat, ahiret hayatıdır. Güzeller Güzeli Efendimiz(sav) başta olmak üzere bütün peygamberler ve Allah dostları orada. Bizden önce yaşamış olan büyüklerimiz ve sevdiklerimiz hep orada. Rabbimizin hazırladığı cennet gibi enfes bir yaşam merkezi var. Dünya içinde aklımızın erdiği bütün güzellikleri hayal etsek, hepsini elde ettiğimizi ve o güzellikler içinde yaşadığımızı hayal etsek yine de o nimetleri tasavvur edemeyiz. Onlar ancak cennetin gölgesi gibidir. Çünkü Rabbimiz iman eden kullarına gözlerin görmediği, kulakların işitmediği nimetler hazırladığını haber ediyor. O ne vaat ettiyse doğrudur.

Geçici dünya hayatı ve zevkleri için ebedî ahiret hayatını kaybetmek akıllı bir insanın yapacağı iş değildir. Dünya lezzetlerinin zirvesi, cennet nimetlerinin zerresi bile olamaz.

Sen Müslümansın

Bu ismi sana seni yaratan ve seni en iyi bilen Allah verdi. Bu isim senin kimliğindir. Bu ismin içini doldurmak ve gereğince yaşamak en büyük hedefindir. Bundan başka verilen her isim ziyadedir. Sonradan verilmiştir ve hepsi bunun altındadır. Yolunu izlediğimiz bütün peygamberler bizi buna davet etmiştir. Rabbimiz bu hakikati Fussilet Suresi'nin 33. ayetinde şöyle açıklıyor:

> "(İnsanları ibadet ve itaat için) Allah'a çağıran, sâlih (sevaplı) 'iş ve hareket' yapan ve, 'Şüphesiz ben Müslümanlardanım,' diyen kimseden daha güzel sözlü (olan) kimdir?"

Allah katında tek hak din İslam'dır. Hz. Âdem'den(as) Hz. Muhammed'e(sav) kadar hepsi insanlara bunu anlatmışlar ve buna davet etmişlerdir. Bunun karşılığında bir ücret de istememiş, Allah'ın emrini Allah'ın kullarına anlatmışlardır.

Yaratan, yarattığını en iyi bildiği için onu başıboş bırakmamış ona, kitap ve peygamber göndermiştir. Din olarak da onun için İslam'ı seçmiştir. Kula yakışan Yaratan'ının(cc) istediği gibi kul olmasıdır.

Müslüman, Allah'a teslim olandır. İradesini Allah'a verendir. Yani Allah'ın istediği gibi yaşayandır. Ve Müslüman hayat felsefesini Rabbinin açıkladığı şekilde şöyle haykırır:

"De ki: 'Benim namazım, (hac, umre, diğer) ibadetlerim, hayatım ve ölümüm âlemlerin Rabbi Allah içindir."(En'âm, 6:162)

Ne yaparsan Rabbin için ve Rabbinin rızasını gözeterek yap. Yaptığın her amelinle sevap elde edersin. Yemen, içmen, uyuman vb. her şeyin ibadete dönüşür. Müslümanlık sadece camide namazda değil hayatın her alanındadır. Müslümanın yaptığı her iş ya lehine ya da aleyhinedir. Sen öyle bir Müslüman olmalısın ki seni gören sende secde izini görmeli. Seni gören Rabbini hatırlamalı. Seni gören dünyada cenneti yaşamalı. Gönlü neşe dolmalı. Sıkıntı ve kederini unutmalı. Çünkü sen yeryüzünde Rabbinin halifesisin. Allah'ın boyası ile boyanmışsın. Sen yürüyen Kur'an olmalısın. Dilinden dökülen Kur'an'ın hakikatleri olmalı. Ahlakın Kur'an olmalı. Yaşantın Kur'an olmalı.

Sen Müslümansın sende yalan olmaz. Hakikate aykırı şaka bile yapmazsın. Çünkü sen izince yürüdüğün Muhbir-i Sadık'a(sav) gönül vermişsin. O'nun izince yürürsün. O, bir gün çocuğunu çağıran bir anne görmüştü. Çocuğuna seslenirken, "Bak, sana ne vereceğim," diyordu ve elini gösteriyordu çocuğuna. Bu manzara karşısında dayanamadı ve kadına sordu, "Ey kadın çocuğa ne vereceksin, avucunda ne var?" Kadın cevap verdi, "Hurma var onu vereceğim." Bunun üzerine Hakikat Peygamberi, şu gerçeği hem ona hem de bizlere hatırlattı: "Eğer o çocuğa avucunda verecek bir şey olmasaydı onu kandırmış olacaktın ve sana da yalan söyleme günahı yazılacaktı." Hakikatten uzak her söz senin dudağına dokunamaz. Hakikatten uzak söz senin dudağına değmekten hayâ eder. Çünkü sen hakikate âşıksın.

Müminin Özellikleri Nelerdir?

Bütün insanlar hüsrandadır, kaybetmektedir, zarardadır. Fakat iman edenler ve iman etmenin gereğini yerine getirenler bunun dışındadır. Onlar imanlarının gereğini yerine getirirler. Sadece inandık demekle bırakılmayacaklarını çok iyi bilirler.

Onlar Allah'ın varlığına ve birliğine şeksiz, şüphesiz iman ederler. İmanlarına şirk karıştırmazlar. Tâğûtları reddederler. "Tâğût nedir?" diye bir soru aklına gelebilir. Hemen açıklayayım. Kelime manası haddi aşmaktır. Kur'an'da Rabbimiz bunu, Allah'a isyan eden ve O'nun kullarının hâkimi ve maliki olduğunu inkâr edip onları kendi kulu olmaya zorlayan kimseler için kullanılır. Bak bunu çok severek okuduğum mealinde Hasan Tahsin Feyizli Hocamız şöyle izah etmiş:

"Allah'a isyan şu üç şekilde olabilir:

1- Eğer bir kimse Allah'ın kulu olduğunu kabul eder, fakat pratikte O'nun emirlerinin aksini yaparsa o zaman fasık olur.

2- Bir kimse Allah'tan ilgisini keser ve başka birine bağlanırsa o zaman kâfir olur.

3-Eğer bir kimse Allah'ın hükümlerini beğenmeyerek onu uygulamaya mani olur ve O'nun kullarını kendi emirlerine ve yoluna boyun eğmeye zorlarsa, o zaman tâğûttur.

Tâğût; nefis, şeytan, rahip, lider, kral ve diktatör gibi bir insan olabilir. Onun için bir kimse tâğûtu reddetmedikçe gerçekten Allah'a inanmış sayılmaz. Çünkü tâğûtlar, Allah'ın dinine alternatif bir din koyarlar ve ona inandırmak isterler. Tarih boyunca bunun birçok örneğini görüyoruz. Bugün de yarın da tâğûtlar olacaktır. Müslümanın bunu reddetmesi ve hayatına karıştırmaması inancının gereğidir. Hak ve bâtıl bellidir. Bunlar asla uzlaşmaz. Gece ile gündüz gibi birbirinin zıddıdır. Birinin olduğu yerde diğeri asla olamaz. Müminin kalbinde hak ile bâtıl asla uzlaşmaz. Mümin hakkın yanındadır. Müminlerin dostu ve yardımcısı Allah'tır. O ne güzel bir dost ve yardımcıdır. Kâfirlerin dostu ve yardımcısı şeytan ve onun dostu tâğûttur. O ne kötü bir dost ve arkadaştır. Onlar ateş ehlidir. Onlara uyanlar cehenneme sürüklenir. Rabbim bizleri şeytana ve dostu tâğûtlara uymaktan ve kanmaktan korusun."

Mümin sağlam bir inanca sahiptir. Allah'ın varlığına ve birliğine inanır. Her şeyi yaratan ve yöneten O'dur. O her şeyin Rabbidir ve dönüş yine O'na olacaktır. O ibadet edilecek bir ilahtır. O'na isyan edilmez. Bak bize kendini nasıl tanıtıyor:

> "İşte, sizin Rabbiniz olan Allah böyledir. O'ndan başka hiçbir İlâh/Rab yoktur. Her şeyi yaratan O'dur. O halde O'na kulluk edin. Her şeyin himayesi, yönetimi O'nun elindedir. Gözler O'nu idrak edip göremez. O ise, bütün gözleri görür. O latîftir (dünyada gözle görülmez, kullarına da lütuf sahibidir) her şeyden haberi olandır."(En'âm, 6:102-103)
>
> "Sizin ilâhınız bir ilâh (Allah')tır. O'ndan başka hiçbir ilâh yoktur. O Rahmân'dır (dünyada bütün yaratıklara merhamet edendir), Rahîm'dir (âhirette yalnız mü'minlere rahmet edendir)."(Bakara, 2:163)

Yeryüzünde kendisinde üstün güç ve hükümranlık görülen ve yörüngesine girilip tanrılaştırılan ve tapınılan liderler ve birçok varlık olmuştur. Yüce Allah burada, hükmü ve mutlak hâkimiyeti altına girilen ilâhın, bir tek kendisi olduğunu bildirmektedir.

Mümin, sağlam inancını besleyecek, hayatına yön verecek kitabını okuyandır. Kur'an onun hayat kitabıdır. Onun helalini helal, haramını haram bilir ve gereğince amel eder. Namazını dosdoğru kılar, zekâtını verir. Ahirete ise gözüyle görüyormuşçasına kesinkes inanır.

Geceleri az uyur. Seher vakitlerini dört gözle bekler. O vakitte günahlarından bağışlanma diler. Gözyaşlarıyla dua eder.

Rabbinin ismi anıldığında kalbinin atışı değişir. O'na olan muhabbetten gözünden yaşlar süzülüverir. O'na isyankâr olmaktan fersah fersah kaçar. Allah'ın ayetleri okunduğu zaman imanı artar. Rabbine güvenir.

Sevap avcısıdır. Fakirin, miskinin ve yolda kalmışın elinden tutar ve onun ihtiyacını giderir. Onlara yaptığının karşılığını fazlasıyla Rabbinin kendine vereceğine inanır. Verirken verdiğiyle malının eksileceğinden korkmaz. Verirken, verdiğini Rabbinin rızasını kazanmak için verir. Verdiği kişiyi incitmekten Rabbine sığınır. İhtiyaç sahibi kardeşlerini Rabbinin kendisine bir ikramı olarak görür ve onları cennet vesilesi bilir. Verirken incitmez. Başa kakmaz. Kötüsünden vermez. Kendisine verildiğinde yüzünü ekşitmeden alamayacağını infaktan saymaz. Verirken verdiğini Rabbinin gördüğünü bilir de ona göre verir. Rabbinin azabından korkar. Yarım hurmayla da olsa nefsini ateşten korumanın çaresini arar. Bollukta ve darlıkta vermek onun şiarıdır.

Hayırda yarışır. Hayırlı işlerde öncüdür. Hayırda yardımlaşır. Nerede bir hayır görse gözü ve gönlü oradadır. Rabbinin rızasının hayırda olduğunu bilir. Hayır işlerken karşılık beklemez. O cennet adayıdır. İşlediği hayırların zerresinin bile karşılıksız kalmayacağına iman ettiği için tereddüt etmez. Veren el olmayı sever. Alan el olmaktan hayâ eder. Duası hep veren el olmaktır. O, Hz.

Ebu Bekir'e[ra] ve Hz. Osman'a[ra] göz dikmiştir. Onların verişiyle vermek ister. Nefsini onlarla yarıştırır.

İyiliği emreder, kötülükten sakındırır. Daima hakka çağırır. Bu yolda yılmak nedir bilmez. Kendisinin davetçi olduğunu, hidayetin Allah'tan olduğunu bilir. Sonucuna bakmaksızın gece gündüz davet eder, hakka çağırır. "Ben seferden sorumluyum, zaferden değil," der ve işine bakar. "Yıllardır uğraşıyorum ama bir türlü sonuç alamıyorum," diye vesveseye kapılmaz. Bilir ki her davetinin, Rabbi katında bir ecri vardır. Başarının Allah'tan olduğuna inanır.

Öfkesine hâkimdir. Nefsi için kızmaz. Sevmesi de kızması da Allah içindir. İnsanların kusurlarını affeder. Kusurları araştırmaz. Ayıpları örter. Bir kardeşinin kusurunu, ayıbını örttüğünde Rabbinin de mahşer gününde kendi kusurunu örteceğine inanır. Kendisine yapılmasını istemediğini mümin kardeşine de yapmaz. Allah'ın, güzel davrananları sevdiğini bilir ve güzel davranmayı kendine âdet edinir.

Kötü bir şey yaptığında veya kendine haksızlık yapıldığında Rabbini anar ve O'na sığınır. Yaptıklarından özür diler ve bağışlaması için Rabbine yalvarır. Yaptığı hatada bile bile ısrar etmez. Böyle yaptığında, ödülünün Rabbinden bağışlanma ve ebedî kalacağı cennet olduğunu bilir ve şöyle dua eder; "Rabbimiz! Şüphesiz biz sana inandık, günahlarımızı bağışla ve bizi cehennem azabından koru."

Allah'a ve gönderdiği peygamberlerine inanır. Peygamberlerden hiçbirini diğerinden ayırt etmez. Peygamberlerine itaati Allah'a itaat olarak görür. Hepsinin getirdiğinin hak olduğuna inanır. İnsanlar kendi elleriyle dinlerini bozdukları için Allah yenisiyle onları uyarmış ve düzeltmiştir. Son peygamber olarak, âlemlere rahmet olarak, insanların ve cinlerin peygamberi Hz. Muhammed'i[sav] göndermiştir. O'ndan sonra başka peygamber gelmeyecektir. Bundan sonra kim peygamber olduğunu söylerse yalancıdır.

Allah'a ve elçisine kim itaat ederse, Allah'ın kendilerine nimet verdiği peygamberler, dosdoğru olanlar, şehidler ve iyilerle birlikte olur. Bunlarla birlikte olmak ne güzel bir nimettir. Bu nimet Allah'tandır. O, kullarını en güzel şekilde nimetlendirendir.

O mümin, iktidar sahibi olduğunda, namazı dosdoğru kılar, zekâtı verir, iyiliği emreder ve kötülükten sakındırır. Bu nimetin Rabbinden olduğunu bilir ve şımarmaz. Elindeki iktidar nimetini kötüye kullanmaz. Yaptıklarını Allah'ın bildiğini bilir. İşlerin O'na döneceğini unutmaz.

Allah'a ve Resulü'ne aykırı davrandıklarında babalarına, kardeşlerine, oğullarına ve akrabalarına uymaz. Allah'a ve Resulü'ne karşı gelenlere sevgi beslemez. Hele Yahudi ve Hıristiyanları dost ve sırdaş edinmez. Onların dinine girmedikçe kendinden razı olmayacaklarını bilir.

Cihad onun hayatının anlamıdır. Zamanına göre bu vazifeyi en güzel şekilde ifa etmeye çalışır. Onun anlayışında cihad, insan ile İslam arasındaki engelleri kaldırma gayretidir. Bu uğurda malıyla, canıyla, evlad ü iyaliyle, canla başla, gece gündüz çalışır. Bu onun için en kârlı ticarettir. İslam düşmanlarının bu vazifeyi gündemden düşürme tuzaklarına kanmaz. Sinirleri ve iskeleti alınmış; omurgasız Müslümanlık anlayışına karşı uyanık olur. İslam'ın gelişmesine engel olamayanların yeni oyunu, İslam gelecekse bizim müsaade ettiğimiz kadar olsun, planına karşı kendi planını uygular. Rabbinin emrettiği şekilde yaşamaya çalışan Müslümanlara takılan, yapıştırılmaya çalışılan isimlere aldırış etmez. O başkalarının gündemine cevap yetiştirme yerine kendi gündemini belirler. Onun anlayışında salih kul olmak yetmez; muslih kul olmaktır gayesi. Bugünün diliyle söyleyecek olursak, pasif iyi olmak yetmez, aktif iyi olmak lazım. Onun anlayışı budur.

Allah yolunda cihad ederken karşılaşacağı zorluklara seve seve göğüs gerer. Bu yolda ölmek, rütbelerin en üstünüdür. Şehadet bir müminin kızıl elmasıdır. En büyük özlemidir. Yolunu izlediği biricik rehberinin dualarının baş tacıdır. Peygamber olmasına rağmen O(sav), hep şehadeti istemiştir. Bir müminin elde edeceği en büyük derece şehadetle kazanılacaktır.

"Allah yolunda öldürülenlere ölüler demeyin," der Rabbimiz. Onlar diridir fakat siz bilemezsiniz. Onlar Allah katında rızıklandırılırlar. Geride kalanlara Allah'ın vaadini hatırlatmak ve müjdeyi vermek isterler. Onların yaptığı ne kârlı bir alışveriştir. Karşılığında cennet vardır. Allah onların canlarını cennet karşılığında satın almıştır. Allah, verdiği sözde duranların en hayırlısıdır. Bu alışverişe sevinilir. Bu büyük bir kurtuluştur.

Rabbimiz, sevdiği kullarının özelliklerini şöyle sıralıyor:

"Rahmân'ın (has) kulları o kimselerdir ki yeryüzünde mütevazı bir şekilde yürürler ve cahiller kendilerine laf atarsa (tartışmayıp): 'Selametle (hoşça kal),' de(yip gider)ler."

"Onlar ki gecelerini Rablerine secde ederek ve kıyamda durarak geçirirler."

Onlar ki: 'Ey Rabbimiz! Cehennem azabını bizden uzak tut, çünkü onun azabı devamlı bir azaptır. Doğrusu o (cehennem), ne kötü bir karargâh, ne kötü bir makamdır!' derler.

(Rahmân'ın o has kulları) ki harcadıkları zaman israf etmezler, cimrilik de yapmazlar, (harcamaları hususunda) bu (ikisi) arasında bir denge tuttururlar."

Peygamberimiz(sav), "Cömerdin yemeği deva, cimrinin yemeği ise hastalıktır," buyurmuştur.

Yine onlar ki Allah'la beraber başka bir tanrıya yalvarıp tapmaz/tapınmazlar.

Feyizli Hoca mealinde bu ayeti şöyle açıklıyor:

"Dinî ilimler tetkik edildiği zaman görülür ki Allah'a inanmakla beraber, O'nun dışındakilere, tevhid inancına aykırı olarak ölü ve dirilere yapılan bağlılık gösterisi ve tapınma şekilleri ister ilkel ister modern şekilde olsun şirktir, hepsinde bir putlaştırma vardır."

Allah'ın haram kıldığı canı, haksız yere öldürmezler. Zina etmezler. Kim bunları yaparsa günahın(ın) cezasını bulur.

Kıyamet günü azabı katmerli olur ve onun içinde hor ve hakir bir şekilde ebedî kalır.

Ancak (küfürden, şirkten ve günahlardan) tevbe edip inanan salih (sevaplı) amel yapan hariçtir. İşte Allah, onların kötülüklerini iyiliklere çevirir. Allah çok bağışlayan, çok merhamet edendir.

Kim (günahlarından) tevbe edip sâlih amel işlerse gerçekten o, Allah'a tam bir yönelişle dönmüş (demek)tir.

Onlar ki yalana şâhitlik etmezler. Boş ve kötü sözlere rastladıkları zaman da, vakarlı bir şekilde (onlardan yüz çevirip) geçerler.

Onlar ki Rabbinin âyetleri hatırlatıldığı zaman, onlara karşı kör ve sağır davranmazlar (itaat için can kulağıyla dinlerler).

Ve onlar ki: "Ey Rabbimiz! Bize eşlerimizden ve nesillerimizden gözler(imizin) nuru (olacak iyi insanlar) lütfet ve bizi (fenalıktan) sakınanlara rehber yap," derler.

İşte bu (sayılan özelliklere sahip olarak Rahmân olan Allah'a kulluk görevini yapa)nlar sabırlarından dolayı, cennetin en yüksek mevki(ler)i ile mükâfatlandırılacaklar ve orada bir sağlık dilekleri ve selam ile karşılanacaklardır.

Orada ebedî kalacaklardır. (O) ne güzel bir kalacak yer ve ne güzel bir makamdır!

(Resûlüm!) De ki: "Dua (ve ibadeti)niz olmasa Rabbim size ne diye değer versin? (Ey inkârcılar!) Siz ise (Allah ve Resûlü'nün bildirdiklerini) yalanladınız, bu yüzden (bu günah ve onun) cezası, boynunuza sarıl(ıp yakanızı bırakmay)acaktır."(Furkân, 25:63-77)

İşte bu saydıklarım senin hayat prensiplerindir. Gücün yettiğince bu ölçülere uymaya çalış. Bu ölçüler, Rabbimizin hayat kitabında bizlere verdiği ölçülerdir. O'na uymayan bir prensip görürsen tut at. Asıl ölçü Allah'ın ve Resulü'nün(sav) koyduklarıdır. Bizler onları kendimize referans olarak alır ve yaşantımızı ona göre ayarlarız.

Kimin Kulusun?

Önemli sorulardan biri de budur. Sen kimin kulusun ve kime ibadet ediyorsun? Bu soruya bir mümin hiç düşünmeden, "Allah'ın kuluyum ve O'na ibadet ediyorum," diyecektir. Fakat şöyle bir düşünelim, gerçek böyle midir?

Birlikte bir nefis muhasebesi yapalım. Günlük hayatını kime göre planlıyorsun ve yaşantının kurallarını kim belirliyor? Güne başlarken ne zaman ve nasıl başlıyorsun? Eğer sabah namazıyla başlıyorsan seni tebrik ederim. Sen Rabbinin kulusun. Şeytanın kışkırtmasına ve nefsinin tembelliğine karşı koymuş Rabbini memnun etmişsin. Sabah namazı günün ilk imtihanıdır. Ya kazanırız ya da kaybederiz. Şeytanla da ilk çatışmamızdır. Kimin kazandığının en güzel ispatıdır sabah namazı.

Günlük hayatımıza bakmaya devam edelim. Yemek yerken besmele ile mi başlıyoruz yoksa gafletle mi? Yemeği yerken sağ elimizle mi yiyoruz yoksa sol elimizle mi? Bu kadar da basitleştirme deme sakın. Bak bakalım kendine ve çevrendekilere. Bu basit gibi görünen kurala bile birçoğumuzun uymadığını göreceksin. Bunlara basit de diyemeyiz. En Güzel Örneğimiz(sav), bu konularda çok hassas davranmış ve uymayanları uyarmıştır. Üzülerek söylüyorum ki Efendimizin(sav), yolundan çok uzaklaştık. O'nun hayat veren prensipleri bir bir hayatımızdan uzaklaşmış. Bizi, farkında olmadan şeytan ve yandaşları istila etmiş.

Daha bitmedi gözlemimiz. Gel, şimdi de kıyafetimize bakalım. Bu kıyafetimizle kime benziyoruz? Rabbimiz bu halimizden memnun mudur? Rabbimizin belirlediği ölçülere uyuyor mu giydiklerimiz? Bu konuda rehberimiz ve modelimiz kimdir? Yoksa modaya, reklamlara ve sevdiğimiz kişilere mi uyuyoruz. Sevdiğimiz, yolunu izlediğimiz kişiler bizi Allah'ın ve Resulü'nün yolundan ayırmasınlar. Haydi, şimdi sakin bir kafayla, selim bir kalple düşün ve yolunu belirle.

Peki ya alışverişte kimin yolunu izliyor, kimin hükümlerine göre amel ediyoruz? Rabbimizin emir ve tavsiyeleri ticaretimize yön veriyor mu? O'nun hiç eskimeyecek, yolumuzu aydınlatacak, bizi zalim yapmayacak ve zulmetmemize fırsat vermeyecek hükümlerine ne kadar uyuyoruz?

Hadi gel, çıtayı biraz daha yükseltelim. Siyasetimize kim yön veriyor? Bizi yaratan, yaşatan ve rızıklandıran ilahımız, bizim yönetimimize karışıyor mu? Yoksa yarattıklarının idaresini belirleyemeyeceğini mi düşünüyoruz? Sadece bizi yaratıp kendi hâlimize bıraktığı vehmine kapılmıyoruz değil mi? Onun bize uygun gördüğü yönetim biçiminin zamanının geçtiği ve bugünün insanlarına yön veremeyeceği sapıklığına inanmıyoruz herhalde? Peki, inandığımız Allah'ı siyasetimize karıştırıyor muyuz?

Son bir misal daha verelim, eğitimimizin neresinde inandığımız Rabbimiz? Rabbimizin, cihanşümul ilkeleri eğitim sistemimizde yer alıyor mu? Nefsimizi ve neslimizi O'nun Rabliğine teslim edebiliyor muyuz? Yerlerde ve göklerde olanı en güzel şekilde eğiten, yöneten ve idare eden Rabbimizin bizi eğitemeyeceğini mi düşünüyoruz? Ne kadar da az düşünüyoruz. Aklımızı hiç kullanmıyoruz. Yaratan, yaşatan, öldüren ve dirilten aynı zamanda en güzel terbiye eden ve eğitendir. Peki, neden karıştırmayız eğitimimize?

Biliyorum meseleyi çok dağıttım ve uzattım. Fakat işin özü ve kaynağı olduğu için temel sağlam olsun istiyorum. Bu konuyu biraz daha temellendirelim diye şimdi hayat kitabımızdan, hayat veren ilkeleri birlikte okuyalım ve anlamaya çalışalım. Tevbe Suresi'nin 31. ayetinde bir uyarı dikkatimizi çekiyor:

"Bilginlerini (hahamlarını), rahiplerini ve Meryemoğlu Mesih'i Allah'tan ayrı rabler edindiler. Hâlbuki onlara, ancak bir tek ilâh(olan Allah')a kulluk etmeleri emredildi. O'ndan başka hiçbir ilâh yoktur. O, onların ortak koştukları şeylerden uzak ve yücedir."

Resulallah(sav), bu ayeti okurken içeriye daha evvel Hıristiyan iken İslâm ile şereflenen Adiy b. Hâtem(ra) girdi. Bu ayeti duyunca Resulullah'a, "Onları rab edinmiyor, onlara ibadet etmiyorlar ki!" dedi. Resulullah(sav) da, "Onlar, Allah'ın helal kıldığı şeyleri haram, (farz kıldıklarını yasak), haram kıldığı şeyleri de serbest/helal kıldıkları zaman, onlara (gönüllü) itaat etmiyorlar mı?" diye sordu. O da, "Evet ediyorlar," deyince, Resulullah(sav), "İşte bundan dolayı onlara (rab olarak) tapıyorlar/kulluk ediyorlar," buyurdu. Abdullah b. Abbas(ra) demiştir ki, "Hahamlar ve papazlar, kendilerine secde etmelerini istememişlerdir. Fakat onlar, Allah'ın emirlerine aykırı emirler vermişler, bundan dolayı kendilerine 'rabler' denilmiştir. O emirleri gönüllü olarak kabullenenler ve istekle yerine getirenler de onları rab edinmişler ve küfre girmişler demektir."

Bu ayet ve onu açıklayan hadis-i şerif, Allah'a ortak koşmanın, O'ndan başka rab edinmenin/şirkin çok açık bir örneği ve delilidir.

Burada anlatılanlar bizim zihin dünyamızı alt üst etti değil mi? Rabbimizi unutup nelere ve kimlere kulluk ediyormuşuz meğer. Allah'ın ve Resulü'nün(sav) emirlerini bırakır başka kişi ve sistemleri onların yerine koyarsak onları kendimize Rab edinmiş oluyormuşuz. Hele bir de Furkân Suresi 43. ayetteki şu uyarıya bakalım.

"(Allah'ı ve hükümlerini unutup) hevalarını/arzu ve heveslerini kendisine ilâh edinen kimseyi gördün mü? Artık ona sen mi vekil olacak (da onu koruyacak)sın?"

"Heva, vahye karşı gelip Allah'ın ilâhlık ve Rabliğini kabullenmeyenlerin en büyük putudur. İslam'a uymayan her arzu ve davranış hevadır. Yüce Allah'ı Rab ve kendisini O'nun kulu olarak tanımayan ve O'nun koyduğu yasaları dışlayıp çiğneyen kişiler, bazen kendi arzu ve heveslerinin kulu olurlar; bazen Allah'a karşılık kendilerini tam yeterli görüp, 'Ben sosyal hayatımla ilgili işlerimde Allah'ın emirlerini kabul etmem, O'nun emirleri beni bağlamaz ve böyle de olmalıdır,' diyerek kendi kendilerini/hevasını rab durumuna getirir ve başkaları üzerinde hâkimiyet kurmaya ve onları Allah'ın emirlerine değil kendilerine boyun eğmeye zorlarlar. Böylece tâğûtlaşırlar.

Bu durumda elbette birtakım zulümler meydana gelecektir. Hevanın hâkim olduğu yerde hayat fesada uğramıştır. Allahu Teâlâ ise artık bunları kurtaracak bir yardımcı olmadığını bildirmektedir. Aynı zamanda bu heva ve heveslerine tabi olanların kalbi, daima ızdırap içindedir. Çünkü vicdan onu ayıplar. Böylece kalbinde ızdırap bulunan kimseler mesut yaşayamazlar."[2]

Canının her istediğini yapan, modanın, reklamın kışkırtmasına aldanan, arkadaşının kurbanı olan ve birilerinin dayatmasına ses

---

2 Hasan Tahsin Feyizli, *Feyzü'l Furkân: Kur'an'ı Kerim ve Açıklamalı Meali*

çıkarmayan kime kul oluyormuş veya kimin peşinde gidiyormuş herhalde iyice anlaşıldı.

Bu konuyu bir kaç ayet-i kerimeyle iyice açıklığa kavuşturalım. Aklımız ve gönlümüz vahiyle aydınlansın. Nefsimiz vahye teslim olsun. Geleceğimiz cennet olsun.

"Vay 'Allah'a ortak koşan (Allah yerine başka varlıklara bağlanan)ların' haline!"(Fussilet, 41:6)

"Arzu ve heveslerini ilâh edinmiş, bilgisine rağmen (Allah'ı bırakıp da o hevasına kul olmasından dolayı) Allah'ın da kendisini sapıklıkta bıraktığı, kulağını ve kalbini mühürleyip, gözüne de bir perde çekmiş olduğu kimseyi gördün mü? Şimdi (bana söyle) artık Allah'tan başka, onu doğru yola kim getirebilir? Hâlâ düşünmeyecek misiniz?"(Câsiye, 45:23)

Allah'a kul olma özelliğini kaybedip, nefsine tapan insanlar bütün iş ve hareketlerinin doğruluk ve meşruluk onayını Allah'ın buyruklarından değil, nefislerinden, ona hoş gelip gelmemesinden almaktadır. Böylece onlar, nefsini, hatta nefsanî aklını ilahlaştırmıştır. Mehmed Âkif bunu şöyle ifade ediyor:

"Beşerin taptığı kendisinin heykelidir
Dinlemem, etse de Allah'ı bütün gün takdis
Ben bu mel'ûn putun uğrunda geberdim
Hâlâ kabaran kokmuş içimden: Yaşasın nefs-i nefîs!"

Nefsin/heva ve hevesin hâkim olduğu yerde dalâlet (sapıklık) vardır. İnsan ondan kendisine pay ayırdığı ölçüde sapıklık içindedir.

"(Ey Muhammed!) Allah'a yemin olsun, senden önceki ümmetlere de (peygamberler) gönderdik. Fakat şeytan onlara işlerini süsleyip hoş gösterdi. İşte o, bugün onların (yani inkârcıların) dostudur. Onlar için acıklı bir azap vardır."(Nahl, 16:63)

"Ey günahkârlar! Bugün (bir tarafa) ayrılın! Ey Âdemoğulları! Ben size: 'Şeytana kulluk etmeyin/tapmayın, çünkü o, sizin apaçık düşmanınızdır. Bana kulluk edin, işte doğru yol budur,' diye bildir(ip emret)medim mi?"(Yâsîn, 36:59-61)

Çünkü şeytan, Allah'a teslim olmayan veya olamayan insanları, tıpkı kendisi gibi Allah'a isyan ettirir. Haramları hoş gösterir. Allah'a değil kendisine itaate (tapmaya) çağırır. Kendisine uyanlardan/tapanlardan kimi şeytanlaşır ve tâğûtlaşır, kimi kâfir ve münafık, kimi de günahkâr olur. Çünkü insan Allah'ın emirlerini arkaya attığı zaman ya şeytana ya da hevasına (arzu ve isteklerine) tapmış olur. O'nun emirlerini değersiz, geçersiz sayarsa küfre batmış olur. Şeytan, Allah'ın uyarısının aksine olarak, "çoğunluğa uymalı," diye sapmış insanların yolunu doğru gösterir, haramları alkışlattırır. Şeytan ve ona tapanların biricik düşmanı ise, Allah'ın emirlerine teslim olanlardır. Öncelikli mücadelesi de yine onlarladır. İşte yüce Allah, insanları böylece uyarmaktadır.

Zannediyorum konu iyice açıklığa kavuştu. Hayatımıza bulaşmış virüsler gün gibi açığa çıktı. Hastalığımız teşhis edildi. Şimdi sıra tedaviye geldi. Tedavi için gerekli olan ilaç elimizde. Bize düşen sadece tarif edildiği şekilde bu reçeteyi kullanmak. Yaratan yarattığını çok iyi bildiği için nerelerde hata yapacağımızı en güzel şekilde misalleri ile açıklıyor. Kula düşen vahye kendini teslim etmek, onu yaşam kılavuzu kılmak. Böylece dünya ve ahiret mutluluğuna kavuşmak.

Hedefin Nedir?

Müslüman, yeryüzünde Allah'ın halifesidir. Rabbinin boyasıyla boyanmıştır. Kâinatın düzeninin devam etmesinden sorumludur. Sünnetullah dairesinde kulluk bilinci içinde yaşar. Bütün insanlığın selameti için çalışır. Yaratılanı yaratandan ötürü sever. Kızması yaratandan ötürüdür. Yeryüzünde yaşayan bütün insanlara Rabbini tanıtmaya ve şirkten kurtarmaya çalışır.

Müslüman, yeryüzünde Allah'ın halifesi olduğu için O'nun emrinin bütün insanlara ulaşması için çalışır. İslam ile insanlar arasındaki engelleri kaldırır. Bütün insanlara Allah'ın mesajını ulaştırmaya çalışır. Engel olmak isteyenlerin engellerini bertaraf eder. Gayesi, önce nefsinde sonra ailesinde ve yakın çevresinde sonra da bütün yeryüzünde Allah'ın dininin hâkim olmasıdır. Allah'ın dininden murat ise son peygamber Hz. Muhammed'e(sav) gönderilen Kur'an'ın tarif ettiği, Hz. Âdem'den(ra) bu yana bütün peygamberlerin tebliğ ettiği bozulmamış tevhid dini İslam'dır. Ondan başkası Allah katında makbul değildir. Diğerlerine insan eli değdiği için bozulmuştur. Yaratan yarattığını en iyi bildiği için de son peygamber Hz. Muhammed'le(sav) bütün insanlığa gönderilen bu dinin, korumasını da Rabbimiz kendi üstlenmiştir. Kıyamete kadar geçerlidir. İnsanlar onu bozamayacaktır.

Rabbimiz hedefimizi belirlemiştir. O hedefe odaklanmak görevimizdir. İşte o hakikat:

"(İslâm'a engel) bir fitne kalmayıncaya, din (sahte tanrıların emri doğrultusunda değil; kısıtlamasız olarak) yalnız Allah'ın (buyruğu doğrultusunda) oluncaya kadar onlarla savaşın. Eğer (dine ve dinî yaşantıya engel olmaktan) vazgeçerlerse, artık zalimlerden başkasına düşmanlık yoktur."(Bakara, 2:193)

Burada ilk dikkatimizi çeken "fitne" kelimesidir. "Fe-Te-Ne" fiil kökünden isimdir. Kelime manası, madeni ateşte eritmek, bir kimseye görüşünden ve dininden dönmesi için işkence etmek, denemek için güç işlere maruz bırakmak, aklını çelmek ve gönlünü çalmaktır. Kelimenin asıl manası, gerçeğini sahtesinden ayırmak için altını potaya atıp kaynatmak demektir.

Bu ayette geçen fitnenin kalmaması, insanlar arasında fitne ve fesada, renk, ırk ve kabilecilik gibi hiçbir ideal ifade etmeyen temellerde bölünmeye, insanların bazısının bazısına zulmetmesine ve sömürmesine yol açan kötülüklerin, ana sebebi ve zemini olan şirkin hâkimiyetinin son bulmasıdır. Yeryüzünde birlik ve Allah dışında ilahlaştırılan ve her türlü sahte mabuda kulluktan kurtulup bir olan Allah'a ibadette eşitlenmek ve gerçek hürriyete kavuşmaktır.

Rebi' bin Amir'in, Kadisiye Savaşı'nda İran orduları komutanına söylediği gibi, "İnsanları sahte ilahlara kulluktan bir Allah'a kulluğa, yerlerin basıklığından göklerin enginliğine, sahte dinlerin karanlığından İslam'ın aydınlığına çıkarma," demek olan tevhidin hâkimiyetinin kurulması, bâtılın gidip Hakk'ın hâkim olmasıdır.

Demek ki Allah'ın dinini insanlara ulaştırmaya engel olanlarla mücadele edeceğiz. Savaş, başka çare kalmadığında fitneyi ortadan kaldırmak için yapılır. Asıl maksat insanları öldürmek değildir. İslam insanları diriltmek için gelmiştir. Dünya ve ahiret mutluluğu için gönderilmiştir. Son noktaya kadar mücadeleyi önerir. Fakat bütün yollar denendiği hâlde bir çıkış bulunamadıysa savaş son çaredir. Bu da kişinin tek başına vereceği bir karar değildir. Ehil olan yetkililerin vereceği bir kararla yapılacaktır.

Haksız yere bir insanın öldürülmesini bütün insanların öldürülmesi olarak kabul etmiştir.

"(Ortalıkta) hiçbir fitne (şirk) kalmayıncaya ve dinin (kısıtlamasız) tamamı Allah'ın (buyurduğu şekilde) oluncaya kadar savaşın. Eğer (onlar şirk ve inkârlarına) son verirlerse (bırakın). Muhakkak ki Allah, yaptıklarını hakkıyla görendir."(Enfâl, 8:39)

"Kim artık (son hak din) İslâm'dan başka (İlâhî veya beşerî) bir din arar (onları önemser)se asla ondan kabul edilmeyecek ve o, âhirette de hüsrana (büyük zarara) uğrayanlardan olacaktır."(Âl-i İmrân, 3:85)

"İman edenler Allah yolunda savaşırlar. Küfre sapanlar da (Allah'ın emirlerinden uzaklaştıran ve kendi emir ve yöntemlerini hâkim kılmak isteyerek ilâhlık taslayan) tâğût(u ayakta tutma) uğrunda savaş verirler. O halde (ey iman edenler!) Siz (de) şeytanın dostlarına karşı savaşın. Şüphesiz ki şeytanın hilesi çok zayıftır."(Nisâ, 4:76)

Öncelikle nefsinde Allah'ın dinini hâkim kılmalısın. Gönül ülkeni sadece Allah'a aç. Allah'ın dışında her şeye kapat. Sadece O'nu sev. Sevdiklerini de O'nun için sev. Gönül ülkende Allah hâkim olursa onun illeri olan azalarında O'nun şeraiti hüküm sürer. Aklın vahiyle beslenir. Ruhun gıdasını O'na ibadetten alır. Gözün O'nun bak dediği yerden bakar. Elin, tut dediği yerden tutar. Ayağın, yürü dediği yerden yürür. Dilin, söyle dediği sözleri söyler. Böylece sen O'nun boyasıyla boyanmış olursun. Seni gören, sende O'nu görür.

Hz. Ali[ra] efendimiz söylemek istediklerimizi şöyle özetliyor, "Ya Rabbi, Sen tam benim istediğim gibi Rabsin. Sen de beni istediğin gibi kul eyle. Allahım maksadım Sen'sin. Amacım Sen'in rızanı kazanmak."

Düşüncende ve eyleminde hep O'nun rızasını gözetmelisin. Ne yaparsan yap, "Rabbim bundan razı mı?" diyerek kendini kontrol et. Bu düşünce sende hâkim olursa korkma, hak yoldasın. Yolun açık olsun. Sonu cennete çıkar bu yolun. Yoldaşın peygamberler, sıddıklar, şehidler ve salih kullardır. Onlar ne güzel yol arkadaşıdır.

Öncelikle ne olmalıyım sorusuna nefsinde makul cevap bulmalısın. Katıldığım seminerlerde sordum onlarca gencimize, "Ne olmak istiyorsun?" diyerek. Hepsinde aldığım cevap hep dünyalıktı, hep maddeye bakan cevaplar aldım. Manaya bakan, Rabbin rızasını kazanmaya yönelik cevaplar bulamamak çok üzücüydü. Sen de sor şimdi kendine, "Ben ne olmak istiyorum?" Aldığın cevap ne oldu bilemiyorum. Fakat benim aldığım cevaplar hep bir meslek ismiydi. Kimi doktor, kimi mühendis, kimi siyasetçi vs. Peki olması gereken neydi o zaman? Önce iyi bir Müslüman olmak istiyorum. Yani Allah'a sevgili bir kul. Önce iyi bir kul, iyi bir Müslüman ol, ondan sonra ne olursan ol. İyi bir Müslüman olmadan hoca olsan, yarım hoca olursun, milleti dininden edersin. Doktor olsan, milleti canından edersin. Siyasetçi olsan malından edersin. Daha çok örnek verilebilir fakat bu kadarı kâfidir.

Avrupa'da konferanslarımdan birinde çok güzel bir hatırayı dinledim. Konumuzu açıklaması bakımından iyi bir örnek. Belçika'da bir öğretmen, öğrencilerine ileride hangi mesleği seçeceklerini soruyor. Öğrenciler hedeflerini ve elde etmek istedikleri mesleklerini söylüyor. Sıra Türkiyeli Müslüman ailenin çocuğuna geliyor. Aynı soru ona da soruluyor. Müslüman çocuk hiç düşünmeden cevap veriyor:

"Öğretmenim ben SAHABE OLACAĞIM."

Belçikalı Hıristiyan öğretmenin o güne kadar hiç duymadığı bir meslek ismi "Sahabe". Önce şaşıran sonra anlamak için tekrar soran öğretmene çocuk yine aynı cevabı verince, ilk defa duyduğu bu mesleği tanımak için bu meslek hakkında çocuğa sorular sorar. Çocuk bilebildiği kadarıyla öğretmenine anlatmaya çalışsa da dinî terminolojiye yeterince hâkim olamadığı için yetersiz kalır. Fakat öğretmeni bir merak sarar. Tez zamanda bu meslek hakkında bilgi edinmek ister. Veliler toplantısında çocuğun babasına sorar:

"Sizin çocuk sahabe olmak istiyormuş. Bu meslek hakkında bir bilgim yok. Türkiye'de geçerli bir meslek olmalı. Bana bu konuda bilgi verebilir misiniz?"

Önce tebessüm eder çocuğun babası ve öğretmenin anlayacağı şekilde açıklamaya çalışır:

"Sahabe, son peygamber Hz. Muhammed'e iman eden, onun sohbetinde bulunan ilk öğrencilerine verilen isimdir. Bizim için yıldızlar gibidir. Yolları yolumuzdur. Evimizde onların hayatını okur ve anlamaya çalışırız. Çocuğumuz onların hayatını sevdiği için onlar gibi olmak istemesi gayet normaldir."

Bu açıklama karşısında öğretmen sahabenin hayatını merak eder. Onların hayatları hakkında okuyabileceği bir eser sorar ve bunun üzerine kendisine bir eser hediye edilir. Öğretmen heyecanla bir çırpıda bu eseri okur. Tabiri caizse kendinden geçer. Ne güzel insanlar diye iç geçirir. "Demek böyle güzel insanlar da yaşamış ha. Biz sadece Hz. İsa'yı böyle bilirdik. O'nun gibi yaşamış başka böyle güzel insanlarda varmış demek," der ve bu sefer de "Sahabenin Öğretmeni"ni merak eder. Sahabeler bu kadar güzel insanlarsa acaba onların öğretmeni nasıldır? Bunun üzerine o veliden "Sahabenin Öğretmeni" hakkında okuyabileceği bir kitap ister. Kendisine Son Peygamber Hz. Muhammed'in(sav) hayatı ile ilgili bir eser verilir. O eseri de birkaç gün içinde bitirir.

Susuzluktan çatlamış toprağa yağmur taneleri düştüğünde toprak onları nasıl emerse, öğretmen de bu hakikatleri öylece emer. Heyecanla okur. Okudukça heyecanı artar. Sayfalar arasında kendini bulur. Asr-ı Saadet'e yolculuk yapar. Efendimizin(sav) ordusunun saflarında yer alır. Birlikte Mekke'nin fethine katılır. Mekke hiç kimsenin burnu kanamadan sulh ile fethedilir. Yıllardır ekilen tohumlar meyveye durmuştur. Beklenen gün gelmiştir. Özlem bitmiştir. Yıllardır hasretle beklenen ana kucağına, baba ocağına kavuşulmuştur. Müminler memnun. Çünkü kendilerine vaat edilen nebevi müjde gerçekleşmiş ve Mekke fethedilmiştir. Müşrikler tedirgin, telaşlı ve korku içindedir. Belçikalı Hıristiyan öğretmen, şimdi tam da burada merakla beklemektedir. Acaba kendilerini yurtlarından ve yuvalarından çıkaran bu zalimlere "Sahabenin Öğretmeni" nasıl bir ceza verecektir. Merakla ve heyecanla bekler bu sonucu. Tam burada, Efendimizin(sav) âlemlere ibret olacak, katı yürekleri yumuşatacak ve nicelerin İslam'la şereflenmesine sebep olacak mübarek sözleriyle, o da iman şerbetini içecek. Gönüller Fatihi(sav), o gün Mekkelilere şöyle seslenmişti:

"Ben bugün size kardeşim Yusuf'un, 'Bugün sizin için kınama yoktur. Umulur ki Allah da sizi affeder. Çünkü O, merhametlilerin en merhametlisidir,' dediği gibi derim. Haydi gidin, hepiniz hürsünüz."

Efendimizin(sav), hasta yüreklere şifa olan bu mübarek cümleleri, ön yargısız olan Belçikalı Hıristiyan öğretmenin yüreğine dokunmuş, gözlerinden sıcacık yaşlar süzülmüş ve yüreğinin derinliklerinden coşup gelen bir muhabbetle Müslüman olmuştur.

"Ne olmak istiyorsunuz çocuklar?" sorusuna, hedefini belirlemiş Müslüman çocuğun, "Sahabe olacağım öğretmenim," cevabı, öğretmeninin dirilişine vesile oluyor. Elbette sahabe olamayacak ama onların izince yürüyebilir ve onlarla cennette komşu olabilir. Hedefi onlar gibi olmak olunca tarafını belirlemiş oluyor. Allah da daha dünyadayken bir kişinin hidayeti ile onu ödüllendiriyor.

Bir kişinin İslam'la şereflenmesine vesile olmak dünya ve içindeki her şeyden daha hayırlı olan bir ameldir.

Yolunu izleyeceğin rol modelin Allah Resulü(sav) olsun. Onu iyi tanı. Hayatını oku. Onu tanımanın birinci yolu Kur'an'ı iyi okumaktır. Okumaktan maksat anlamaktır. Kur'an'ı iyi anlarsan Allah Resulü'nü(sav) tanırsın. Çünkü O, "Yaşayan Kur'an'dı". Sonra hayatıyla ilgili yazılmış "Siyer" kitaplarından okumalısın. Sonra da O'nun mübarek sözlerinin toplandığı hadis kitaplarını okumaya çalışmalısın.

Allah Resulü'nün yetiştirdiği sahabeleri kendine yol arkadaşı edin. Seni karanlıkta bırakmazlar. Yıldızlar gibidirler. Seni varacağın yere en kestirmeden götürürler. Yolu karıştırmazsın. Menziline kolay varırsın. Onlardan fıtratına en yakın olanı daha yakından izle. Kendine model edin. Yaptıklarını yaparsan, elde ettiklerini sen de elde edersin. Onlara ikram eden Allah, sana neden ikram etmesin. O cömertler cömerdidir.

Sonra tarihten günümüze o yolu izleyenleri tanımaya çalış. Maneviyat öncülerini ve tarihte unutulmaz izler bırakan dedelerimizi tanı. Kılavuzun bu asil kahramanlar olsun. Şah-ı Nakşibendi, Abdulkadir-i Geylani, Ahmed-i Rufai, Aziz Mahmud Hüdai, Mevlânâ Celâleddin-i Rumi, Yunus Emre, Hacı Bektaş-ı Veli, İmâm-ı Gazali, İmâm-ı Âzam, Molla Gürani, Akşemseddin, Said-i Nursi, Mehmed Zahid Kotku, Mahmud Sami Ramazanoğlu, Ali Haydar Efendi, Muhammed Raşid Erol vb. maneviyat dünyamızın yıldızlarından birkaçı. Sen bunların peşine düşersen daha nicelerini bulursun. Onların yoluna yöneldiğinde, onları sana kucak açmış göreceksin. Hayatlarını ve eserlerini okurken yüreğinde tesirini hissedeceksin. Senin elinden tutacak ve seni Allah Resulü'nün(sav) meclisine taşıyacaklar.

Yine tarih sayfalarında yüzümüzü ağartan dedelerimizi iyi tanı. Sen geçmişi belli olmayan biri değilsin. Asil bir neslin devamısın. Geçmişin insanlığa hizmette öncülerle dopdolu. Selahaddin-i Eyyübi, Alparslan, Nizamülmülk, Orhan Gazi, Osman Gazi, Fatih Sultan Mehmed, Yavuz Sultan Selim, Kanuni Sultan Süleyman, Abdülhamid Han vb. Allah(cc) hepsine rahmet eylesin. Makamları cennet, dereceleri yüksek olsun. Bunları tanır ve peşlerine düşersen kendine güzel dersler bulursun. İyiliklerini alır, hatalarından ders çıkarırsın. Tarih tekerrür etmemiş olur.

Genç kızlara, tarihten günümüze yollarını izleyebilecekleri nice güzel örnekler vardır. Onlar için Hz. Hacer, Hz. Meryem, Hz. Asiye, Hz. Hatice, Hz. Aişe, Hz. Fâtıma, Hz. Zeynep'den başlayıp Rabiatü'l Adeviyye'ye kadar onlarcası yolunca yürünecek öncüler. Bunları tanı, kendine model edin, izlerini takip et. Sakın ola ki onlar kim, ben kim deme. Ben onların yaşadığı gibi yaşayamam diyerek şeytanın tuzağına düşme. Zaman değişti diyerek kendini kandırma. Onları takip edersen onların güzelliklerine sen de sahip olabilirsin. Sen de günümüzün Fâtıma'sı, Hacer'i, Hatice'si olabilirsin.

Sahte kahramanlar sakın seni aldatmasın. Onların renkli hayatları gözünü boyamasın. Onlar, çöldeki serap gibidir. Seni yolundan alıkoymak isteyenlerin gizli tuzağıdır. Top, pop ve moda kahramanları...

Futbol sahalarında ümmetin gençleri heba ediliyor. Parası bir avuç insan arasında paylaştırılırken kavgasını ve gerginliğini milyonlar yaşıyor. Hiçbir faydası olmayan, insanları uyuşturan, sömüren ve düşünmekten alıkoyan bu organizasyondan kendini koru. Allah sana verdiği nimetlerin hesabını soracak. Gençliğinin, paranın ve zamanının hesabını vereceksin. En büyük israf, ömür israfıdır.

Sen Allah Resulü'nün(sav) özlemisin. "Kardeşimdir," diye iltifat ettiğisin. Âsım'ın neslisin. Diriliş erisin. Geleceğin ümidisin. İnsanlığın hasretle beklediği hidayet rehberisin. Değerini bil. İşine konsantre ol. Azimle çalış. Zafer yakındır. Çünkü gelecekte en gür seda, İSLAMIN SEDASI OLACAKTIR. Bunu da Allah(cc) senin elinle yapacaktır.

Bu Dünyada Görevin Nedir?

Bu dünyaya gönderilme sebebini biliyor musun? Bu dünyaya niçin gönderildim? Nereden geldim, nereye gidiyorum? Bu sorulara verilecek cevabın olmalı. Sen Allah'ın en şerefli kulusun. Seni en güzel şekilde yarattı. Seni kendine muhatap kıldı. Senin için koca kâinatı düzenledi. Hepsini senin hizmetine verdi. Güneş her gün senin için doğuyor. Dünya senin için güneşin etrafında dönüyor. Sebzeler, meyveler, hayvanlar vb. hepsi sana hizmet için var. Bütün bunlara karşılık senin de bunları sana verene bir teşekkür borcun var.

Öncelikle bunlara sana vereni tanıyacaksın. O da Allah'tır(cc). Yerlerin ve göklerin; gece ve gündüzün; dünya ve ahiretin sahibidir O. Seni seven Rabbindir O. Rabbini tanırsan ve bilirsen, sana verdiklerine nasıl teşekkür edeceğini heyecandan şaşırırsın. O öyle merhametli ki sana nasıl teşekkür edeceğini de öğretmiş. Sözlü olarak verdiği bütün nimetler için can-ı gönülden ELHAMDÜLİLLAH dersin. Fiili olarak da namazla huzuruna durursun. O'na en güzel teşekkür namazla olur. Namazın her bir eyleminde bir teşekkür vardır.

Dünyaya niçin geldiğini merak etmişsindir herhalde. Onu da Rabbimiz bildiriyor bize. Şöyle buyuruyor:

"Ben cinleri ve insanları ancak bana (ibadet ve itaatle) kulluk etsinler diye yarattım."(Zâriyât, 51:56)

Dünyaya geliş gayen Rabbine kulluk etmendir. Yani O'nun yap dediklerini yapman, yapma dediklerinden kendini korumandır. Kayıtsız şartsız O'na teslim olmandır. Rabbine teslim olursan, kurtulursun. Dünya ve ahiret mutluluğun, Rabbine teslim olmanda gizlidir. Namazın, orucun, haccın, zekâtın hepsi kulluğun ispatıdır. O emrettiği için bunları yapıyorsun. O'nun adına yaptığın her şey genel olarak ibadet sayılır. Bizden önce gönderilen bütün peygamberler de hep yaşadıkları toplumları Allah'a kulluk etmeye davet etmişlerdir. Kur'an'da bu konuda onlarca uyarı vardır. İşte onlardan birinde Rabbimiz bunu şöyle haber veriyor:

"Onların içinden de kendilerinden bir peygamber (olan Hûd'u) gönderdik. 'Allah'a kulluk edin, sizin için O'ndan başka hiçbir ilâh yoktur. O'nun azabından sakınmaz mısınız?' (dedi)."(Mü'minûn, 23:32)

Eşi ve benzeri olmayan bir tek ilahımız olan Allah'a kulluk etmemiz ve O'nun azabından sakınmamız emredilirken, aynı zamanda şeytana ve yandaşlarına karşı şöyle dememiz emrediliyor:

"De ki: 'Ben, dinimi Allah'a halis kılarak (ihlaslı olarak) yalnız O'na kulluk ederim.'"(Zümer, 39:14)

Rabbimize kulluk iftihar vesilemizdir. Nefse ve şeytan uyup nankörlük yapmak en büyük zulümdür. O'na kulluk etmeyenlerin geleceği karanlıktır. Şeytan kibirlendi, secde etmedi ve huzurdan ebediyen kovuldu. Kulluk etmemenin temelinde kibir vardır. Ve onları çok acıklı bir azap beklemektedir. Biz kendimizi bu duruma düşmekten korumalıyız. Yoksa şu uyarının muhatabı oluruz:

"...Çünkü bana ibadet/kulluk etmeye karşı kibirlenip (buna) tenezzül etmeyenler, aşağılıklar olarak cehenneme gireceklerdir."(Mü'min, 40:60)

Sadece Rabbimize kulluk etmemiz yetmez ayrıca nelere kulluk etmeyeceğimiz de önemlidir. O konuda da Rabbimiz kullarını şöyle uyarır:

"...O halde Allah ile beraber (başka) birine (sığınıp) yalvarmayın."(Cin, 72:18)

"Ey Âdemoğulları! Ben size: 'Şeytana kulluk etmeyin/tapmayın, çünkü o, sizin apaçık düşmanınızdır. Bana kulluk edin, işte doğru yol budur,' diye bildir(ip emret)medim mi?"(Yâsîn, 36:60-61)

Dünyaya geliş gayemiz Rabbimizi tanımak, O'na kendisinin istediği şekilde, şirk karıştırmadan iman etmek ve tarif ettiği gibi kulluk etmektir. Yapacağımız her iş O'na kulluk ekseninde olmalıdır. Bu bilince sahip olursan ne mutlu sana. Dünya da senin ahirette. Rabbin senden razı, sen Rabbinden. İşte asıl mutluluk da budur.

Model Bir Ailen Olmalı

Değişim bir kişiden başladı. İnsanlığın karanlıklar içinde yüzdüğü bir zamandı. İnsanların ahsen-i takvimden, esfel-i safiline yuvarlandığı ve düştüğü çukurun farkında olmadığı o zamanda bir insan vardı hakikati arıyordu. Yüreğinde hissettiği yalnızlığın sesine kulak vererek Hira'ya çıkıyordu. Günlerce kendini, insanları ve kâinatı anlamaya çalışıyordu. Bu duygu yoğunluğu içinde bir sesle irkildi. Bu ses, sessizliği bozdu. Hakikati fısıldadı. Kendini arayan o insana aradığını nerede ve nasıl bulacağını tarif edecek hakikatler silsilesinin ilk sesiydi bu. Bu insanlığın kurtuluş reçetesinin önsözüydü. Yaratanın yarattığına yaşam kılavuzuydu. Kendini, insanları, kâinatı, yaratıcısını ve geleceğini tanıtan apaçık bilginin ta kendisiydi.

Günlerdir çekilen hakikatin doğum sancısı böylece sona erdi. Bundan sonra bu hakikatin hayata hâkim kılınması için sancı başladı. Gelen hakikati önce nefsinde yaşadı. Beklemeden hemen yolunun ilk takipçisine anlattı bu hakikati. O da hiç tereddüt etmeden teslim oldu hakikate. Sonra akrabalara, yakın çevreye ve bütün insanlara bu hakikat dağıtılmaya başlandı. Hakikat devleti önce nefse ve aileye kuruldu.

Geleceğin hakikat eri olarak sen de önce nefsinde İslam Devleti'ni kurmalısın. Bu devleti yaşayacağın bir ailen olmalı. Ailenin modeli, senin ve bütün insanlığın modeli olan Hz. Muhammed'in(sav) ailesi olmalı. Onun hayat modelini, hayatının modeli kılmalısın. O'ndan almalısın yaşam standartını. Ailenin düzenini O'nun belirlediği kriterler sağlamalı. Senin yuvan saadet yurdu olmalı. Sen ve eşin mutluluğun şahidi olmalısınız. Çünkü siz mutluluk yurdunu inşa edenin günümüzdeki temsilcilerisiniz. Sizin evde Allah ve Resulü'nün hükümleri geçerlidir. Nefse ve şeytana pirim verilmez. Şeytan ve dostları ezeli ve ebedi düşmanınızdır. Ondan gelecek ayartmalara karşı sınırda nöbet bekleyen asker gibi teyakkuz hâlinde durmalısınız. Bu kışkırtma ve ayartmalara karşı hemen Rabbinize sığınmalısınız, kovulmuş olan ayartıcının şerrinden.

Yuva kurmaya karar verdiğinde sen, sana saadet asrını yaşatacak eşini aramıştın. Saadet asrını günümüzde yaşamak için yetiştirmiştin kendini. Önce ben olmalıyım demiştin. Sonra bir olabileceğim, Bir'e birlikte kul olabileceğim birini bulmalıyım diye yollara düşmüştün. Sana eş olacağı aramadan istemiştin Rabbinden. Dua ile kapısına dokunmuştun. Dilekçeyi seni en iyi bilene vermiştin. O'ndan istemenin rahatlığıyla eşini aramıştın. Ararken hep, "Kulluğumda bana yol arkadaşı olsun, kulluğumuzu birlikte yapalım, nefsimizi haramdan korumada birbirimize kalkan olalım, birbirimizi mutlu kılmayı ibadet bilelim, hayırlı nesiller yetiştirelim, asrın idrakine İslam'ı söyletecek erler, erenler yetiştirelim, emaneti en yükseğe taşıyalım ve yolda birbirimizi üzmeyelim, hedefe yürürken birbirimize köstek olmayalım," demiştin. Allah da sana bu isteğine göre bir eş verdi. Şimdi bunun şükrünü eda etmelisin. Önce kendini oldurmaya çalıştın. Sonra eşini bulmaya gayret ettin. Bundan sonra birlikte mutluluğu yaşamalısınız. Sen eşini, eşin de seni mutlu etmeli. Eşini mutlu etmeyi ibadet bilmelisin. Helal dairesi mutluluk için yeterlidir. Şeytan bundan sonra da seni rahat bırakmayacaktır. Senin mutluluğunu elinden almak için türlü türlü hilelere başvuracaktır.

Senin gafletinden faydalanacaktır. Onun çok tecrübesi vardır. Ama hilesi zayıftır. Rabbinden gafil olmazsan, daima sığınırsan Rabbine sana hiçbir zararı olmayacaktır.

Yuvanı cennet kılmak senin elinde. Sen istersen Rabbinden ve dinlersen O'nun sözünü, takip edersen Resulü'nün(sav) izini dünyada cennetin olur yuvan. Burada sana *Aşkın Ev Hali* isimli kitabımızı tavsiye ederim. Hayatın içinden güzel bir rehberdir. Okurken kendinden çok şey bulacaksın. Hayat yolunda sana kılavuz olacaktır. Burada da kısa tavsiyelerde bulunacağım sana.

Sözüm burada erkek kardeşlerime. Şimdi yazacaklarımı iyi oku. Tavsiyeleri iyi belle, hayatına uygulamaya çalış. Verilen nasihatler ne kadar güzel olursa olsun yaşanmadıkça sana bir faydası olmayacaktır. Nasıl ki doktorun verdiği ilaç reçetesini okumakla şifa bulamıyorsan; reçetede verilenleri tarifine uygun kullanıncaya kadar, burada yazılanları da uygulamadıkça faydası olmayacaktır. Sözü daha fazla uzatmadan dikkat etmen gerekenleri kısaca yazayım:

Eşini Allah'ın emaneti bil. Onu mutlu ettiğinde Allah'ı memnun edeceksin. Emanet sahibine yakışır bir şekilde ona muamele et. Eşini mutlu edecek amellerine ibadet sevabı verilecek. İncitirsen, incinirsin. Eşini pusuda bekleyen azılı düşmanın şeytanın tuzağına bırakma. Yaptığını Allah görüyor, bunu hiç aklından çıkarma.

Hatalarını hemen yüzüne vurma. Hele başkalarının yanında asla hatasını düzeltmeye kalkma. Kaş yapayım derken göz çıkarmış olursun. Hiçbir faydası yoktur. İstediğin sonucu da alamazsın. Birbirinizi iyice tanıyıp alışıncaya kadar hatalara karşılık güzellikleri görmeye çalış. Güzelliklerine teşekkür et. Onu yüreklendirmiş olursun. Böylece güzelliğe olan rağbetini artırırsın. Sen onun kusurlarını görmezden gel ve örtmeye çalış ki Allah da senin kusurlarını örtsün.

Kusursuz kul olmayacağını bil. Eşinin kusurlarından önce kendi kusurlarını görmeye çalış. Kendi kusurlarına bakan zaten başkasının kusurlarını göremez. Kendini değiştirmeden eşini değiştirmeye çalışmanın bir faydası olmayacaktır. Değişimi kendinden başlat. Sonra incitmeden Nebevi metotla eşinin kusurlarını düzeltmesinde yardımcı ol. Sözü yumuşak ve tatlı söyle. Emredici, tepeden bakacı ve sert üslupla yapılan uyarılar kulaktan içeri girmez. Girse de bir faydası olmaz. Hemen karşı tepki doğurur, savunmaya geçer muhatabın. Sonunda muhabbet zedelenir. Kusurları düzeltmede acele etme, zamana yay. Fırsatını kolla ve en güzeliyle düzeltmeye gayret et. Allah yardım edecektir.

Hediyelerle, iltifatlarla ve takdirlerle gönlünü hoş tutmaya çalış. Bu davranış senin salih amel defterinin iyiliklerini çoğaltmış olacaktır. Eşinin özel günlerinde ona yardımcı ol. Sıkıntısını paylaş. Onu anlamaya çalış. Güzel sözlerinle onun gönlünü almaya çalış. Bu davranışın gönlün sahibini memnun edecektir.

Eşini evine hapsetme. Zaman ayır. Birlikte gezin, dolaşın. Hele ilk evlendiğin günlerde eşinin sıkıntısını gidermeye çalış. Yeni evine ve ortama alışmasında yardımcı ol. Onu yalnızlığını gidermek adına sanal âleme terk etme. Senin bırakacağın boşluğu gidermek için sanal âlemde şeytanın tuzağına düşmesin. Günümüzde bu konuda yürek yakan nice örnekler var. Yanındakiyle mutlu olamayan sanal olanla nasıl mutlu olabilir? Ama şeytan yasak ağacın ölümsüzlük iksiri olduğunu telkin ederek Âdem babamızı ve Havva annemizi nasıl aldattıysa bugün onun çocuklarını da sanal âlemdeki yasak meyvelerle aldatıyor. Şeytanın hilelerine karşı güçlü bir iman, salih amellere gayret, dua, nefsi terbiye, ilim meclislerine devam, anne baba duası ve sağlam bir iradeye ihtiyaç vardır.

Eşinin özel yetenekleri varsa onları geliştirmesine yardımcı ol. Dikiş, ebru, tezhip, hitabet, davet, okuma vb. kurslarla kendisini geliştirmesine destek ol; kendine, ailesine ve ümmete yararlı bir kişi olsun. Başarılarını tebrik et, destekle ve yüreklendir. Nefsiyle baş başa kalıp, tembel tembel vakit öldürmesine engel ol.

İşini evine taşıma. Evini dinlenme ve huzur mekânı kıl. İşini ve problemlerini evine taşıyarak gerginliğini onlara da yaşatma. Rolünü iyi oyna. Sen evin yöneticisisin. Evin mutluluğu senin elinde. Huzursuzluğu, tüm bunları dengeli yönetememesinden olacaktır. İşini iş yerinde bitir. Gerekiyorsa telefonunu bile kapat. Sakın sosyal medya ile meşgul olarak eşini ve çocuklarını kendi hâllerine bırakma. Onların senin üzerinde hakkı var. Senin bıraktığın boşluğu şeytan dolduracaktır. Sende bulamadıkları sevgi ve muhabbeti onlar da sanal âlemde arayacaktır. Böyle olunca da aynı çatı altında farklı dünyaların insanları olursunuz. Muhabbet gider. Problemler artar. Birbirinizden nefret etmeye başlarsınız. Bunun ilk ve asıl sebebi sensin unutma.

Evine giriş çıkışlarda eşinin yüzüne ve gözüne bak. Tebessümün eksik olmasın. Sevginin tezahürü olarak eşini eve geldiğinde öp, hâlini hatırını sor. Varsa sıkıntısı paylaşsın seninle. Paylaşamadığı her sıkıntısı, içinde büyüyecek ve sonunda bir gün ya sana ya da çocuklara patlayacaktır. Problemler büyümeden çözmeye çalışın. Ertelemeyin, hafife almayın ve, "Ne olacak canım," diyerek önemsiz gibi görmeyin. Sinek küçüktür ama mide bulandırır.

Eşinin İslam'ı yaşamasında ona öncülük et. Kendini geliştirmesi için sohbetler yapın. Birlikte size fayda sağlayacak kitaplar okuyun. Okuma saatiniz olsun. Salih amelleri işlemede yarışın, yardımlaşın. Sakın eksiklerini eleştiriyle düzeltmeye kalkma, kırarsın. Tenkit yerine teklif metodunu kullan. Yıkmayı değil yapmayı hedefle.

Eve alacağınız eşyada eşinin tercihine öncelik ver. Senden daha çok o kullanacak onları. Sevmediği eşya ile imtihan etme. Gerektiğinde eşyaların yerini değiştirerek mekânda farklılık oluşturun. Eşini mutfağa esir etme. Yaptığı güzel yemekleri mutlaka takdir et. İltifattan mahrum bırakma. Gerektiğinde yardım et. Karizma çizilmez korkma. Allah Resulü'nün(sav) eşlerine yardım sünnetini diriltmiş olursun. Hem de aranızdaki muhabbet güçlenir. Bazı eşlerin birincil sevgi dilidir bu. Onunla mutfakta geçireceğiniz aktif bir zaman ve desteğiniz onu tarifsiz mutlu edecektir.

Yaptıklarını iki de bir başına kakarak eşini bunaltma. Yaptığın iyilikleri hemen unut. Sana yapılan kötülükleri de. Bunlar Nebevi Ahlak'ın tezahürüdür.

Eşinin ailesine hürmet ve saygıda kusur etme. Onları ziyaretinde yardımcı ol. Kendi ailene nasıl davranılmasını istiyorsan sen de en azından öyle davranmaya çalış. Onların aleyhinde olumsuz konuşma. Bu eşine yapacağın en büyük hakarettir. Evde huzursuzluğun en temel sebebidir. Nice yuvaların yıkılması bundandır. İmkânın ölçüsünde, hiç olmazsa bayramlarda "Çam sakızı, çoban armağanı" kabilinden hediye ver. Muhabbeti pekiştirir.

Eşin hastalandığında daha fazla ilgi göster. Hastalık zamanında insanlar daha hassas ve duygusal olurlar. Buradaki ihmal sevginin azaldığı şeklinde yorumlanır. Şeytan eşler arasına buradan fitne sokar. Ona fırsat verme. Böyle durumlarda ev işlerinde yardımcı ol. Sağlıklı iken olduğu gibi yine eşinden hizmet bekleme. Maalesef hâlâ ham softa, kaba yobaz, güya erkeklik taslayan nice zalim erkekler var. Bunun dinle, diyanetle alakası yoktur. Allah Resulü'nün(sav) öğrettiği dinle, bu davranış asla bağdaşmaz.

Çocuk eğitiminde eşinle istişare et. İkinizde aynı istikamette yürümeye çalışın. Sizin aranızdaki ayrılığı çocuklar iyi fark eder ve onu kullanırlar. Yanlış bile olsa söylenen, çocuklar yanında düzeltmeye kalkma. Eşinin hatasını çocuklarının yanında söyleyerek küçük düşürme.

Belirli zamanlarda eşine özel zaman ayır. Baş başa onun hoşlanacağı şekilde zamanı değerlendirmeye çalış. Bu boşa geçen, heba edilen bir zaman değildir. İhtiyaçtır. İbadet hükmündedir.

Hele nişanlılık ve evlilik yıl dönümlerine denk getirilirse daha makbuldür. Sevginizin tazelenmesine ve artmasına vesiledir.

Söylediklerinle yaptıkların çelişik olmasın. Yapmadığın şeyleri eşinden isteme. Allah'ın uyarısını hatırla: "Ey iman edenler, niçin yapmadıklarınızı söylüyorsunuz?" Müslüman özü, sözüne uygun insandır.

Yapacağın işlerde Allah'ın rızasını gözetir ve kazanırsan, sözü dinlenen adam olursun. Sözün dinlenmiyorsa bir nefis muhasebesi yap, "Acaba Rabbimin hoşuna gitmeyecek neler yapıyorum?" diye nefsine sor. Bulduğunda o hâlini hemen değiştirmeye çalış. Yaptığın yanlış için tevbe ve istiğfarda bulun.

Eşinle olan özelini, daha açık bir ifadeyle yatak odanda yaşadıklarını asla başkalarıyla paylaşma. Orası sizin kozmik odanızdır. Sırrınızdır. Orada yaşananları paylaşanı Allah sevmez. Şeytana gün doğar. İşini kolaylaştırmış olursun.

Eşine karşı vücut temizliğine dikkat et. Temizlenmesi gereken kılları gider. Ter kokusuyla beraber olmaktan sakın. Ağız temizliğine önem ver. Dişlerini temizle. Allah Resulü'nün(sav) en çok dikkat ettiği amellerden biridir. Eşinin yanında onun seveceği güzel kokular kullan. Bütün cazibeni eşine karşı kullan. Hepsinde sadaka sevabı vardır.

Eşinin cinsel tatminine özen göster. Kendin için istediğini eşin için unutma. Bencillik yapma. Konuyla ilgili Allah Resulü'nün(sav) tavsiyelerini uygularsan sana yetecektir. Erken boşalma gibi bir problemin varsa hiç geciktirmeden tedavi ol. Çaresiz değildir. Utanarak, gurur meselesi yaparak, ayıplanırım diyerek tedavi olmazsan eşine işkence etmiş olursun. Seninle mutlu olamayınca eşin senden soğuyacak, mutsuzluğunu başka yönlerden yansıtacaktır. Hatta bazen sevilmeyen helal, boşanmayla sonuçlanacaktır. Bu da bizim toplumumuzda ciddi bir meseledir. Ne yazık ki ifade edilememektedir.

Eşine sevdiğini sık sık söyle, çekinme. Kadınlar sevildiğini ne kadar sık duyarlarsa o kadar memnun olurlar. Bunu yatak odasına saklama. Sevdiğini söylemeyi yatak odasına bırakmak rüşvet olarak algılanmaktadır.

Sözü fazla uzattım farkındayım. Önemine binaen paylaşmak istedim. Yaşadığımız toplumda gördüğümüz sıkıntılara çare üretelim diye bunları yazdım. İnşallah sen en güzelini yaşayarak model aile olursun. Allah yardımcın olsun. Bu bölümünü Allah Resulü'nün muhteşem tavsiyeleriyle taçlandıralım:

"Müminlerin imanı en olgun olanı, ahlakı en güzel olanıdır. Onların en iyileri de eşlerine en iyi davrananıdır."(Tirmizi)

"Siz erkekler tertemiz ve iffetli olun ki, kadınlarınız da iffetli olsunlar ve şereflerini korusunlar. Siz namuslu olun ki hanımlarınız da namuslu olsun."(Camiu's-Sağir)

Şimdi de sözüm kız kardeşlerime. Evin idaresi ve sorumluluğu onların olduğu için sözü önce erkeklere söyledim. Eşler bir bütünün iki parçası gibidir. Biri diğerini tamamlar. Birbirine üstünlük yarışına girmezler. Üstünlük ne erkeklikte ne de kadınlıktadır. Üstünlük takvadadır, Allah'a karşı sorumluluğumuzu yerine getirmededir. Kadın erkek eşitliğini savunanlar yalancıdır, istismarcıdır. Kadını kullanmak için uydurulmuş kocaman bir yalandır. Kadın ve erkek sadece eştir, eş. Her ikisi de kendi yerinde muteberdir. Kadın kadınlığını bilecek, erkek erkekliğini. Herkes kendi vazifesini en güzel yapma yarışında olacak.

Evini cennet yapmak istersen kocana hizmette kusur etme. Sen ona ne kadar güzel hizmet edersen bil ki sen daha fazlasını bulacaksın. Hanımın kocasına hizmeti ve onu mutlu etmesi sadakadır. Allah bundan memnun olur. İbadet sadece namazdan, oruçtan, hacdan ve zekâttan ibaret değildir. İnsanlar arasındaki ilişkiler de ibadet sevabı elde etmeye vesiledir.

Kocanın hanımı olmayı ve çocuklarının anası olmayı bir yerde müdür olmaya tercih etme. Eşini ve çocuklarını ihmal ederek mutluluğu dışarıda zannetme. Mecbur kalmadıkça çalışmayı tercih etme. Senin en önemli görevin evinin mutluluğunu sağlamaktır. Çocuk yetiştirmektir. Yetiştireceğin çocuklarla yarınları değiştirebileceğini unutma. Bir kadın sadece çocuk doğurmaz aynı zamanda toplumu doğurur. Eşine hizmeti hakir görerek onlarca insana hizmet etmek zorunda kalma. Eşine hizmetin ödülü cennette alınacak önemli bir yatırımdır.

Her işinde ihlaslı olmaya çalış. Riyadan uzak dur. Gösteriş ve moda budalası olmaktan Allah'a sığın. Kimin ne diyeceğini değil Allah'ın ne diyeceğine bak. Allah seninle olursa daha ne istersin. Dünya da senin ahirette.

Eşinin iffetini ve malını korumaya çalış. Üzerine düşen görevi bir cihad samimiyeti ile eda et. Saçıp savurarak israf edenlerden olma. Allah israf edenleri sevmez. Evindeki israftan sorumlusun. Hele mutfaktaki israfa çok dikkat et. Çöpe atılan her nimetin hesabı var unutma.

Eşinin İslam'a hizmetinde yanında ol. Dua et, destek ol. Engel olma. Zamanın Hatice'si olmanın yolunu ara. Allah Rasulünün(sav) ilk ve en büyük destekçisi Hz. Hatice'ydi. Sen de onun rolünden kendine bir rol beğen. İlimde öncün Hz. Aişe, edep ve hayada Hz. Fâtıma, teslimiyette Hz. Hacer, adanmışlıkta Hz. Meryem, mücadelede Hz. Asiye vb. Sen bunları kendine rol model edin. Sakın sahte kahramanlar gözünü boyamasın.

Eşine karşı mütebessim ol. Ruhunla bedeninle güzel ve çekici olmaya çalış. Eşinin dikkatini üzerine çekecek ziynet takın ve elbiseler giy. Eşinin hoşuna gidecek güzel kokular kullan.

Evinden çıkacağın zaman eşinden izin al. Eşinin müsadesi olmadığı yerlere gitme. Eşinin istemediklerini evine alma. Bunlar Allah Rasulünün(sav) tavsiyelerindendir.

Eşine teşekkür etmeyi ihmal etme. Kullara teşekkür etmeyen Rabbine de şükredemez. Fırsat buldukça çalışmalarını takdir et. Erkekler sevildiğini duymaktan daha çok, takdir edilmekten hoşlanırlar. Onu memnun etmenin kolay yollarından biridir takdir etmek. Beğenmediklerini fırsatını kollayarak uygun bir dille söyle. Eşinin kusurunu başkaları yanında söylemeye çalışma, muhabbeti zedeler. Sahip olduğun nimetlerden dolayı Rabbine şükret.

Çocuklarına güzel örnek ol. Onlarda görmek istediğin güzellikleri yaşayarak öğret. Acele etme sonuç almak için. Sen üzerine düşeni yap, gerisini Rabbine bırak. İstediğin sonucu alamadığında sabret, hemen feveran etme. Dua et. Şikayet ettiğin kadar dua etsen nice ibadet sevabı alacaksın. Şu söz çok hoşuma gidiyor:

"Şikayet etme, dua et."

Eşinden izinsiz malından gereksiz yere harcama. Onu sıkıntıya sokma. Yapacağın harcamalarında istişare et. Gönlünü almış olursun. Hem istişare eden pişman olmaz.

Yalanın her çeşidinden fersah fersah uzak dur. Yalanın beyazı, kırmızısı olmaz. Haramdır. Ailede huzuru ve muhabbeti bitiren en tehlikeli virüstür. Hem yalanla iman bir arada bulunmaz. Şaka bile olsa yalandan uzak dur. Aleyhine bile olsa daima doğru söyle. İlk etapta aleyhine gibi görünse de sonuç itibariyle hayır doğruluktadır. Allah'ın yardımı da doğru olanlaradır.

Güzelliğini eşine sakla. Cazibeni ona karşı kullan. Eşinin bakışını üzerine çekecek her gayretine ecir verilecek. Evinden dışarı çıkarken, "Ben buradayım,", "Bak bana, gör beni," dedirtecek kıyafet, makyaj ve edadan sakın. Adı tesettür bile olsa defile yapar gibi kıyafetlerden uzak dur. Tesettür, Allah emrettiği için Allah adına örtülmesi gereken yerlerin Allah'ın ve Rasulü'nün(sav) tarif ettiği şekilde örtülmesi ve ona uygun tavrın takınılması amelidir. Başkasının bakışlarını üzerine çekecek kıyafet ve tavırdan uzak dur. Kıyafetin bir tarz değil farz olduğunu unutma.

Eşinin ailesine hizmette kusur etme. Kendi ailene beklediğin saygı ve hizmeti fazlasıyla eşinin ailesine yap, eşini memnun edersin. Sen onu memnun edersen o da seni memnun edecektir. O senin yaptıklarını fark etmese bile bütün yaptıklarını bilen Rabbin var. "Senin annen, senin baban," diye başlayan cümlelerin sonunda kavga kaçınılmazdır. Eşinle aranın açılmasına sebep olacak bu gibi sözleri kullanmamaya gayret et.

Çocuklarının en etkili öğretmeni sensin. Çocukla anne arasında sütten ve doğumdaki sancıdan gelen özel bir bağ vardır. Bu da eğitimde yüzde seksen annenin daha etkin sonuç elde etmesini sağlıyor. Kıymetini bil, iyi değerlendir. Çocuk yetiştirmeyi hayatının gayesi bil. Basit işlerle çocuklarını ihmal etme. Hele ilk dört yıl asla çocuklarından ayrı kalma. Çocuklara anneannesi veya babaannesi baksa bile senden alacaklarını onlardan asla alamayacaklar. İleriki yaşlarda ortaya çıkan çocuklardaki davranış bozukluklarının sebebi buna dayanıyor. Bir kadının en şerefli ve kutsal görevi hayırlı çocuk yetiştirmesidir. Dünyanın kıymeti en az bilinen, en muteber mesleğidir annelik. Aslında en yüksek maaş, annelik mesleğine verilmelidir. Çocuğun duygusal ihtiyacı, fiziksel ihtiyacından daha önemlidir. Ama günümüzde malesef her geçen gün kıymeti daha da az bilinir hâle geliyor.

Kusur araştırma merkezi olma. Dedektif gibi her işin peşine düşme. Şüphen varsa açık yüreklilikle sor. Sebebini de açıkla. Güven sarsacak tavırlardan sakın.

Alaycı ve kibirli olma. Ailenin sana yaptıklarını öne sürerek eşini aşağılayıcı ve incitici tavırlardan uzak dur. Hele ailenin maddi durumundan dem vurarak eşini küçük düşürücü bir tavır takınırsan yuvanın temeline dinamit koydun demektir. Tez zamanda o yuva toz duman olacaktır. Hiç şüphen olmasın.

Erkeklere benzememeye ve onların kıyafetlerini giymemeye azami dikkat et. Allah ve Rasulü'nün(sav) laneti, böyle yapanların üzerinedir.

Çarşı pazarda ihtiyaçtan fazla kalma. Şeytanların mesai yaptıkları yerlerdir. Hele mağaza mağaza dolaşmak nefsin en çok sevdiği işlerdendir. İhtiyaçtan fazla alışveriş israftır. Gereksiz çarşı pazar dolaşmaları erkeklerin en çok nefret ettiği işlerdendir.

Sen cennete adaysın. Nefsinin peşinde koşarak kendini aşağıların aşağısına düşürme. Fani olana aldanma. Gönlünü Rabbine aç. Allah'ın rızasına koş. Cennet mekânın olsun.

Farz ibadetlerinde tavizsiz ol. Namazlarını vaktinde kıl. Orucuna hassas ol. Zinet eşyanın zekatını ver. Kocana itaat et. Kur'an oku. Zikre ve duaya devam et. Selametle istediğin cennetine gir.

Bidatçı ve modacı olma.

Dinin yaşanması ve yayılması için üzerine düşeni yap. Eşine destek ol, hizmetlerinde dua et. Hayır yarışında yerini al.

Çağdaş kadın fitnelerine katılma. Hele hele feminist kadın ukalalığından çok sakın. Allah ve Rasulü'ne(sav) isyan olmadıkça eşine itaat et. Sade ve temiz giyin.

Eşinin cinsel talebine sınırlayıcı tavırlar koyma. Talebini reddetme. Birlikte olacağınız zaman temizliğine daha çok dikkat et. Ağız temizliğine önem ver. Ter kokusunu gider. Eşinin sevdiği kokuları kullan. Giderilmesi gereken kılları temizle.

Başka kadınları eşine anlatma. Başka erkekleri eşine anlattırma. Şeytanın tuzağına kendini bırakmış olursun.

Yatak odasına ait şeyleri, en yakın dostun bile olsa, asla başka kadınlara anlatma. Yatak odası sizin sır odanızdır. Özelinizdir.

Nasıl Bir Evlilik?

Her genç kuracağı yuvanın hayaliyle eşini arar. Hayatını paylaşacağı arkadaşı güzel olsun, maddi imkânı iyi olsun, soyu asil olsun ve aynı zamanda ahlakı imrenilen olsun ister. Her ne kadar sonuncusu ilk tercih olsun diye tavsiye edilse de günümüzde öncelikler sıraladığımız gibidir. Tercihlerimizdeki önceliğimiz bizim iç âlemimizi yansıtıyor. Önceliğimiz nefsimizin aynasıdır. Mutlu olmak istiyorsan sen ahlakı güzel olanı tercih et. Birinci önceliğin ahlak olduktan sonra diğerlerinin olması nur üzerine nurdur.

Sosyal medya üzerinden yapılan tanışmaların, okullarda veya sosyal mekânlarda tanışarak yapılan evliliklerin uzun ömürlü olamadığına çok defa şahit olduk. Çünkü evlenecek olanlar evleninceye kadar gerçek yüzlerini gizliyorlar. Yıllarca flört ettiği hâlde eşinin gerçek yüzünü tanıyamadan evlenen ve bin pişmanlıkla kısa süre sonra boşanan onlarca örnek var. Yedi yıl flört edip üniversiteyi bitirdikten sonra evlenen ve evlendiğinin yedinci gününde babasının evine gelip ayrılan gençlerimizi gördük. Yirmi dört saat iletişimde olduğu hâlde yıllarca birlikte yaşamasına rağmen nasıl birbirini tanıyamıyor ve bir haftada tanışıp ayrılmaya karar verebiliyorlar? Demek ki iki taraf da gerçek yüzünü göstermiyor. Birbirine rol yapıyor. Flört döneminde onlarca kişi maskeyle dolaşıyor. Dereyi geçinceye kadar karşısındakine tahammül ediyor. İstediğini elde ettikten sonra gerçek yüzünü gösteriyor.

Yıllar önce üniversiteye yeni başladığımızda özel ders aldığımız hocalarımızdan biri, "Evladım, insanlar evlilik öncesi iyi rol yaparlar. Gerçek yüzünü göstermezler. Erkeklerin maskesi evlendiği gece, kadınlarınki ise çocukları olduğunda düşer," demişti de o zaman gençliğin verdiği heyecanla hocamızın bu tecrübesini çok abartılı bulmuştuk. Yıllar geçtikçe gördük ki hocamız haklıymış. Hele günümüzde iletişim imkânları geliştikçe maskeler de artıyor. Öyleyse bu maskelerin altındaki gerçek kişiyi nasıl ortaya çıkaracağız? En sağlıklı seçimi nasıl yapacağız, diye sorulacak olursa bizim tercihimiz ve tavsiyemiz, anne babaların araştırıp beğendiği, sizi tanıyan yakınlarınızın tavsiye ettiği ve sizin de gönlünüzün ısındığı kişidir derim. Özellikle Müslümanca yaşamaya çalışan anne babanın onaylamadığı evliliklerde huzur, mutluluk ve bereket olmuyor. Anne baba sakin ve salim kafayla değerlendiriyor. Mantıklı düşünüyor. Gençler duygularıyla hareket ediyor. Sağlıklı karar veremiyor. Aşırı sevgi kör ve sağır ediyor. Adına her ne kadar aşk ve sevgi dense de gerçeği ten tutkusudur, cinsellik tahrikidir. Gerçekten seven ve âşık olan incir çekirdeğini doldurmayacak sebeplerden sevdiğini terk edemez.

Evlilikte mümkünse yirmi üç veya yirmi beş yaşını geçirmemeye çalış. Yaş ilerledikçe seçicilik artıyor. Uyum sağlamak zorlaşıyor. Çocuk büyütürken tahammül azalıyor. Gençliğin heyecan ve harareti azalıyor.

Geciktirilen evlilik sebebiyle günaha dalma riski çoktur. Şeytan daha kolay aldatır. Günaha alışan kişinin onu terk etmesi de zorlaşır. Gençliğinde alıştığı günahlar evlendikten sonra da yakasını bırakmayacaktır. Nefsini kontrol etmede zorlanan genç evlenmede acele etmelidir. Evleninceye kadar şeytanın tahriklerine karşı oruç tutarak, Kur'an'la meşgul olarak, zikre sarılarak, salih dostlarla hemhâl olarak kendini korumaya çalışmalıdır. Enerjisini İslam'a hizmette kullanmalıdır. Zihnini ve gönlünü Rabbiyle meşgul etmeye çalışmalıdır.

Evliliğin en hayırlısı, en kolay olanıdır. Evlenirken eşya sebebiyle birbirinizi yıpratmayın. Evlilik öncesinde cihada giden mücahid gibi olmayın. Taraflar güya gençlerin rahatı için savaşa çıkar gibi alışverişe çıkıyorlar. Birbirlerini ciddi borcun altına sokarak yıpratıyorlar. Yıllarca, yapılan bu hataları telafi etmek de mümkün olmuyor.

Evlilik hazırlıkları sırasında çok hassas olun. Birbirinizi incitmemeye gayret edin. Eşya için kalp kırmayın. Eşya her zaman alınır fakat kırılan kalbi tamir etmek çok zor oluyor. Fuzuli alışverişten sakının. Asli ihtiyaçtan fazlasını evinize sokmayın. Sonra eşyaya hizmetle ömrünüzü tüketirsiniz. Siz eşyaya hizmet için evlenmeyin. Eşyalar sizi değil siz eşyaları kullanın. Allah israf edenleri sevmez. Evi eşya ile doldurup cemaatle namaz kılacak yer bulamayanlara acıyorum. Elalem ne der yerine Allah ne der diye düşünün. Siz kendi hayatınızı yaşayacaksınız. Zaten elalem ne der diye düşündüğümüz gibi Allah ne der diye düşünsek bütün problemler bitecek.

Evlilikte denklik önemli bir kavram. Mümkünse hanım, erkekten her konuda bir adım geride olmalıdır. Malda ve ilimde önde olan hanımlar eşine itaat edemeyebiliyor. Evin reisi belli olmuyor. Ev koalisyonla yönetilmeye çalışılıyor. Her zaman da başarılı olunamıyor. Her zaman Hz. Haticeler bulunmuyor. Genellemek doğru değildir elbet. Fakat çoğunluk maalesef böyle.

Mecbur kalmadıkça evlendikten sonra hanımların çalışmaması taraftarıyım. Hanımların enerjilerini İslam'a hizmette, eşini mutlu etmede ve çocuk yetiştirmede kullanmalarının daha sağlıklı olduğunu düşünüyorum. Onlarca tecrübeyle sabittir. Çalışan hanımlar bedenen zorlanıyor ve çabuk yıpranıyor. Evine, eşine, çocuklarına ve kendine yeterince zaman ayıramıyor. Bunca yükün altında ezilince sıkıntısını bir şekilde yansıtıyor. Kazandığından çok fazlasını kaybediyor.

Evlilikte gösterişten uzak, mütevazı ve her adımında Allah'ın rızası gözetilmelidir. Hatta davetiyelerde bile israftan sakınılmalıdır.

Hele, "Ömrümde bir kez giyeceğim, çok farklı ve güzel olmalı, kendini göstermeli ve ben buradayım demeli ve sadece bende olmalı," diyerek hazırlanan gelinlikleri anlamak ve izah etmek çok zor. Bu anlayışın hesabını Allah'a nasıl verebiliriz diye düşünmeliyiz.

Evliliğin gayesi, Allah'ın emri, Rasulü'nün(sav) sünneti, neslin devamı ve nefsin korunması içindir. Dinin tamamlanması, kemâle ermesi ve nefsin tatmin edilip sükun bulması içindir. Eşlerin birbirini mutlu etmek için helal dairesinde yaptıkları her amelin karşılığında ecir vardır.

Düğüne çok sayıda misafir davet edilmeli. Gelenlere imkân ölçüsünde yemek ikram edilmeli. Cenaze merasimi gibi program yerine insanların muhabbet etmesine fırsat verilmeli.

Kadın erkek ayrımına dikkat ederek yöresel oyunlarla zenginleştirilebilir. Rabbimizin razı olmayacağı kadın erkek karma eğlencelerden, kılık kıyafetteki sapkınlıklardan, alkol vb. haramların sunulmasından sakınılmalıdır. Kadın erkek ayrı diyerek hanımlar kendi aralarında elbise ve takılarıyla gösteriş budalalığına düşmemeli, israf ve riyadan uzak durmalıdır. Allah mütevazı olanları sever, kibirlilere buğz eder.

Anne Baban Cennet Vesilen

"Anne babaya itaat, Allah'a itaat; anne babaya isyan Allah'a isyandır." Onlara iyilik ve ihsanda bulunmayı Rabbimiz emrediyor. Dünyadayken onları memnun etmek akıllı bir Müslümanın yapacağı en güzel iştir. Onları memnun etmek Rabbimizin sevgisine vesile oluyor. Duaları sermayemiz. Anne baba duası, peygamber duası gibidir. Onlara duayı terk etmek, rızkın daralmasına sebeptir.

Onların sevgisi karşılıksız bir sevgidir. Dünyaya gelişimiz, bakımımız ve yetiştirilmemiz hep onların emeğidir. Bizi beslerken, büyütürken nice zahmetlere katlanmışlardır. Yememiş yedirmiş, giymemiş giydirmişlerdir. Canının çok çektiği bir meyveyi yiyecekken bizim isteyişimiz onu yemesine engel olmuş ve bize yedirdiği çok olmuştur. Uykusunun en tatlı yerinde hiç üşenmeden bizim ihtiyacımızı gidermek için kalkmış bizi emzirmiştir. Bizi bu hâle getirinceye kadar kimbilir kaç uykusuz gece geçirmiştir. Bunlar karşılığında bir ücreti yoktur. Aferin de beklememiştir. Sevincimiz sevinci, hüznümüz hüznü olmuştur. Hatta üzülmeyelim diye onlar üzülmüştür. Üzüntüsünü bize belli bile etmemişlerdir.

Doğmadan önce annemize verdiğimiz sıkıntıları şöyle bir düşünelim. Bize hamileyken yaşadıklarını anlamaya çalışalım. Yediği yemekleri yiyemez olmuş, yediklerini hemen çıkardığı ve yediklerinden nefret ettiği çok olmuştur. Uyku dengesi bozulmuştur. Psikolojisi altüst olmuştur. Bunlar, hamileliğin ilk günlerinde yaşadıklarına birkaç örnek.

Hamileliğin son dönemlerinde yaşadıklarını, bilmem ki bir erkek olarak ne kadar tarif edebiliriz. Yattığı yerde yatamaz, oturduğu yerde dinlenemez hâle gelmiştir. Bir günü diğerini aratır olmuştur. Fakat bütün bunlar onun mutluluğuna mutluluk katmıştır. Karnında Allah'ın bir ayetini taşımaktadır. Rabbinin isimlerinin tecellisine vesile olacaktır. Karnındaki bebeğin hareketleri onun mutluluğuna mutluluk katmaktadır. Bütün sıkıntılarına Rabbinin yardımıyla sabretmiştir.

Hele doğum anında yaşadıkları bilmem ki nasıl tarif edilir? Hatta doğum anında ölenleri bile vardır. Bütün bunlara Rabbinin verdiği merhamet, şefkat ve sabırla katlanır. Annemin çektiği sıkıntıları birazcık anlamama eşimin doğum sancılarını görmem vesile olmuştur. O an anneciğimin kıymetini biraz daha anlamaya çalıştım.

Doğumdan sonra yıllarca emzirmesi, diğer ihtiyaçlarımızı gidermesi, okutması, yetiştirmesi ve evlendirmesi say say bitmez yaptıkları. Onların bizlere yaptıklarını yazmaya gücümüz yeter mi? Ve hepsini isteyerek severek yapmalarına ne demeli? Şimdi bütün bunların karşılığını ödeyebilir miyiz? Asla.

Annemizin yaşadıklarını anlamaya çalışırken elbette babalarımızı unutmuyoruz. Onlar annemiz kadar sıkıntı çekmemiş olsalar da, onların üzerimizdeki hakkı da az değildir. Evimizin geçimi, ailemizin korunması ve annemizin sıkıntılarına ortak oluşu azımsanacak işler değildir. Onlar üzerlerine düşenleri imkânları ölçüsünde yapmışlardır şimdi sıra bizdedir. Onlara iyi bir evlat olmaya çalışmalıyız. Dualarını almalıyız. İhtiyaçlarını gidermeli, hizmette kusur etmemeliyiz.

Günümüzün modern yaşam tarzında anne babalara evlerimizde malesef yer yok. Ev mimarisini yapanlar çekirdek aileye göre plan yapıyorlar. Büyüklerin yaşlılıklarını hesaba katmıyorlar. Onları, bize en çok muhtaç oldukları dönemde dört duvar arasında yapayalnız bırakıyoruz. İhtiyaç denince hep aklımıza maddi şeyler geliyor. Onların manevi ihtiyaçlarını görmezden geliyoruz. Aslında kendi meçhul geleceğimizin, karanlık odalarını ve muhabbete aç yaşam tarzını inşa ediyoruz. Bugün bizim büyüklerimize yaptıklarımızın aynısını ya da daha fazlasını bizim çocuklarımızın bize yapacağını hiç düşünmüyoruz. Ektiklerimizi biçeceğiz. Ama yaptıklarımızın karşılığını asıl ahirette bulacağız.

Yeri gelmişken Rabbimizin bu konudaki uyarılarını okuyalım. Şöyle buyuruyor:

"Biz insana anne ve babasına güzel davranmasını (ve iyilik yapmasını) tavsiye ettik."(Ankebût, 29:8)

"Biz insana, anne ve babasını(n hakkını gözetmeyi) tavsiye ettik. Annesi onu, kat kat güçlük (ve zahmetler)le (karnında) taşıdı. Onun (sütten) ayrılması da iki yıl içinde (olmuş)tur. (İşte bunun için:) "Bana, anne ve babana şükret, dönüş ancak banadır." (dedik)."(Lokmân, 31:14)

"Rabbin, kendisinden başkasına kulluk etmemenizi ve anaya babaya ihsanı (iyiliği ve güzel davranmayı) emretti. Eğer onlardan biri veya her ikisi senin yanında ihtiyarlığa erişirlerse, onlara 'öf' (bile) deme! Onları azarlama ve onlara çok nazik (ve tatlı) söz söyle."(İsrâ, 17:23)

"Biz insana, anne ve babasına iyilik etmesini tavsiye ettik. Annesi onu (karnında) zahmetle taşıdı ve onu zahmetle doğurdu. Onun (ana karnında) taşınması ile sütten kesilmesi otuz aydır."(Ahkâf, 46:15)

Yaratan yarattığını çok iyi bildiği için bizleri, aynı konuda önemine binaen tekrar tekrar uyarmış. Anne babamıza iyi muamele yapmamızı, onlara sıkıntılı anlarda en hafif memnuniyetsizlik ifadesi olan, "Öf!" bile dememeyi emretmiştir. Kendisine kulluktan hemen sonra anne babaya iyilik etmeyi emrederek işin ciddiyetini bildirmiştir. Onların temel ihtiyaçlarını gidermek, hastalandıklarında tedavilerini yaptırmak, bakıma muhtaç olduklarında gerekeni en güzel şekilde yapmak, yanlarında bulunarak sohbet edip teselli etmek ve dua etmek onlara karşı vazifemizdir, anne baba hakkıdır.

Onların yüzüne muhabbetle bakışın sadakadır. Günahlarının dökülmesine sebeptir. Hizmetini görmen ibadettir. İhtiyaçları için yapacağın harcamalara Allah yedi yüz misliyle karşılık verecektir. Rızkın bereketlenecektir. Mutluluğun daim olacaktır. Cennet yurdun, Allah'ın sevdiği kulları komşun olacaktır.

Hizmet ederken, yüzümüzü ekşitmek, azarlamak, yüksek sesle konuşmak, kaba davranmak, kendi başlarına yalnız bırakarak yolumuzu gözletmek ve hele hele huzurevlerine teslim ederek aile sıcaklığına, torunlarının cıvıltısına ve muhabbete aç bırakmak asla doğru değildir. Onlara yapılan zulümdür, anne baba hakkını ihlaldir. Rabbimizin kızgınlığına, cehenneme sürüklenmeye, rızkımızın daralmasına ve hayatta mutsuzluğa sebeptir.

Yeri gelmişken Asr-ı Saadet'ten bir hatırayı okuyalım. Buradan çıkaracağımız çok büyük ibret vardır.

Abdullah bin Ebî Evfâ(ra) anlatıyor:

Allah Rasulü'nün(sav) huzurunda bulunduğumuz bir sırada ona birisi gelerek:

"Ya Rasulallah, ölüm döşeğinde yatan bir genç var. Kendisine, 'Lâ ilâhe illâllah, de,' dendiği halde (bir türlü) bunu söyleyemiyor," dedi. Allah Rasulü(sav):

"Namaz kılar mıydı?" diye sordu. Adam:

"Evet, (kılardı)," dedi.

Bunun üzerine Allah Rasulü(sav) kalktı. Biz de onunla kalktık. Allah Rasulü(sav) gencin yanına girdi ve ona:

"Lâ ilâhe illâllah de," buyurdu. Genç:

"Söyleyemiyorum."

Allah Rasulü(sav), "Niçin?" diye sorunca, gelen adam:

"Annesine âsi idi," dedi. Allah Rasulü(sav):

"Annesi sağ mı?" diye sordu. Oradakiler:

"Evet sağdır," dediler. Allah Rasulü(sav):

"Çağırın gelsin," buyurdu. Onlar da kadını çağırdılar, kadın da geldi. Allah Rasulü(sav) kadına:

"Bu senin oğlun mudur?" diye sordu. Kadın:

"Evet," dedi. Allah Rasulü(sav) kadına:

"Bak şurada büyük bir ateş (olsa) ve, 'Oğluna şefaat edersen onu bu ateşte yakmayız; fakat şefaat etmezsen bu ateşte yakarız,' deseler ne yapardın? Şefaat eder miydin?" diye sordu. Kadın:

"Onun şefaatçisi ben olurdum," dedi. Allah Rasulü(sav):

"O halde ondan râzı olduğuna, Allah-u Teâlâ'yı ve beni şâhit göster," buyurdu. Kadın:

"Allah'ım! Seni ve Rasulü'nü şâhit tutuyorum. Oğlumdan râzı oldum (hakkımı ona helâl ettim)," dedi.

Bunun üzerine Allah Rasulü(sav) hasta gence:

"Lâ ilâhe illâllahu vahdehû lâ şerikeleh ve eşhedü enne Muhammeden abdühû ve Rasulüh, de," diye buyurdu. Hasta hemen şehâdet getirdi. Bunun üzerine Allah Rasulü(sav):

"Allah'a hamdolsun ki, benim vasıtam ile bu (genci) cehennem ateşinden kurtardı," dedi. (Taberani ve Ahmed b. Hanbel)

Bu olaydan çıkaracağımız önemli dersler var. Son nefeste imansız göçmeye sebepmiş namazsızlık hastalığı. Namazımıza dikkat edeceğiz. Anne babamızın bizden memnun olmaması yine imanımızı tehdit ediyor. Eğer Rabbimizin bir yardımı olmazsa imanımız risk altında demektir. Ne yapıp edip onları memnun etmenin yollarını aramalıyız.

Evladın önemli görevlerinden biri de anne babasına dua etmesidir. Onlara yapacağın dua rızkını bereketlendirir. Gönlüne sürur verir. Peki, nasıl dua edeyim dersen, Rabbimizin öğrettiği gibi derim. İşte iki güzel dua örneği:

"'Ey Rabbim! (Bunlar) küçükken beni (acıyıp) yetiştirdikleri gibi (sen de şimdi) onlara acı (ve esirge),' de."(İsrâ, 17:24)

"Ey Rabbimiz! Hesabın görüleceği kıyamet gününde beni, annemi, babamı ve tüm müminleri bağışla."(İbrahim, 14:41)

Anne babaya yapılan hizmetin büyüklüğünü anlamak için eski ümmetlerden bir örnek verir Allah Rasulü(sav). Buhari'deki hadis-i şerifte özetle şöyle anlatılıyor:

"Eski ümmetlerden üç kişi yolculuğa çıkarlar. Geceyi geçirmek üzere bir mağaraya girince dağdan bir kaya parçası yuvarlanarak mağaranın ağzını kapatır. 'Bizi bu kayadan ancak iyi amellerimizi dile getirerek Allah'a yapacağımız dua kurtarabilir,' derler.

İçlerinden biri şöyle dedi:

'Anam-babam çok yaşlı idi. Onları doyurmadan çoluk çocuğumu ve hayvanlarımı doyurmazdım. Bir gün, odun toplamak için uzaklara gitmiştim. Geç vakte kadar da dönemedim. Akşam içecekleri sütü getirdiğimde anamla babam uyumuşlar. Onlara sütlerini içirmeden önce çoluk çocuğumun ve hayvanlarımın karınlarını doyurmazdım. Çocuklar da, yanımda ağlıyorlardı. Çanak elimde tanyeri ağarıncaya kadar onların uyanmalarını bekledim. Anamla babam uyanıp sütlerini içtiler.

Ya Rabbi bunu senin rızan için yapmışsam buradan bizi kurtar,' dedi. Kaya biraz açıldı. Fakat çıkmak mümkün değildi.

Diğeri her türlü imkân varken çok sevdiği amcasının kızı ile zina etmediği ve kıza verdiği 120 dinar altını almadığı olayı hatırlayıp, 'Ya Rabbi bunları senin rızan için yapmışsam bizi buradan kurtar,' dedi. Kaya biraz daha açıldı. Ancak yer çıkabilecekleri kadar değildi.

Üçüncüsü şöyle dedi:

'Çalıştırdığım işçilerden biri ücretini almadan gitmişti. Ben de onun ücretini ürettim. Öyle ki, bundan birçok mal meydana geldi. Bir müddet sonra bana gelip ücretini istedi.

Şu gördüğün develer, sığırlar, koyunların hepsi senin ücretinden üremiştir, al götür, dedim.

O da, benimle alay etmiyorsun ya, dedi. Ben de, hayır, alay etmiyorum, doğrusu bu, deyince, malların hepsini alarak götürdü. Bana hiçbir şey bırakmadı. Ya Rabbi bunu senin rızan için yapmışsam, içinde bulunduğumuz şu beladan bizi kurtar.'

Bunun üzerine kaya tamamen açıldı. Onlar da mağaradan çıkarak yollarına devam ettiler."

İşte Allah Resûlü'nün haber verdiği bu olayda da görüyoruz ki anne babaya hizmet eden daha dünyadayken bile karşılığını görüyor. Onlarca tecrübeyle sabittir. Anne babanın duasını almaya çalış. Hizmetinde kusur etme. Anne ile eşin arasında tercih yapmak zorunda kalırsan anneni tercih et. Anneni kaybedersen çok yanarsın. İş işten geçmiş olur.

"Annesine babasına ya da ikisinden birine kavuşur ve onlar kendi yanında ihtiyarlar da o kimse cenneti kazanamazsa yazıklar olsun o kimseye," diye Allah Resûlü'nün(sav) uyarıları var. Sen de bunları kulağına küpe yap. Gençliğin hevailiğine aldanarak anne babanı darıltma. Onlar senin dünya ve ahiret sermayen. Kalplerini kırmaktan sakın. Kırdıysan bir şekilde gönüllerini almaya çalış. Cennet anaların ayakları altında unutma. Onları memnun etmeyi Rabbimiz kendini memnun etmek gibi değerlendiriyor.

Ne yaparsak yapalım onların üzerimizdeki hakkını ödeyemeyiz. Köle olsalar ve sende satın alıp onları hürriyetine kavuştursan o zaman haklarını ödemiş olursun.

Manevi yolda ilerlemenin yolu yine anne babaya hizmetten geçiyor. Büyüklerin hayatlarında bunun örneklerini görüyoruz. Şunu hiç unutmamalıyız ki anne babaya hizmet de bir ibadettir. Allah'ın rızasını celbeder. Manevi yönden insanı yükseltir. İşte güzel bir hatıra:

Soğuk bir kış gecesinde, Bâyezid-i Bistâmi Hazretleri küçükken annesi ile yatsı namazını kılıp yatmıştı. Gece yarısına doğru annesi uyandı. Çok susamıştı. Oğluna seslendi:

"Oğlum, bir bardak su verir misin?"

Hemen yatağından fırlayan, küçük Bâyezid, su testisine baktı. Fakat içinde su yoktu. Annesine:

"Anneciğim, testide su yok ben hemen doldurup geleyim," dedi.

Koşarak dışarı çıktı. Her yer buz ile kaplıydı. Zorlukla testiyi doldurup geri döndü. Fakat, geri dönene kadar annesi tekrar uyumuştu. Annesini uyandırmaya kıyamadı. Elinde su dolu bardak ile, annesinin baş ucunda beklemeye başladı. Hava çok soğuk olduğu için, bir müddet sonra soğuktan titremeye başladı. Buna rağmen, bardağı bırakıp yatmadı. Annesinin uyandığında, "Hani su," diyerek üzüleceğinden korkuyordu. Annesini üzmemek için, her türlü sıkıntıya katlanmaya razı idi. Elinde su bardağı saatlerce ayakta annesinin uyanmasını bekledi. Nihayet, annesi, "Su, su," diye mırıldanmaya başladı. Hemen, "Buyur anneciğim, suyun hazır," dedi. Annesi daha ilk sözünde suyun hazır olmasını anlayamadı. Oğluna sordu:

"Oğlum ne çabuk getirdin?"

"Anneciğim, daha önce uyandığında, su istemiştin. O zaman su olmadığı için, testiyi doldurmaya gittim. Geldiğimde senin daldığını gördüm. Uyanmanı bekledim."

Oğlunun bu kadar, sadakatli olduğuna çok sevinen annesi sevinçten ağladı. Allahü Teâlâ kendisine böyle bir oğul ihsan ettiği için şükretti:

"Ya Rabbi ben oğlumdan razıyım, sen de razı ol," dedi.

Annesinin duası sebebiyle, Bâyezid-i Bistâmî Hazretleri, evliyalıkta yüksek derecelere kavuştu. Allahu Teâlâ'nın sevgili kulu oldu.

Kendisine sordular:

"Bu derecelere nasıl kavuştunuz?"

"Annemin rızasını almakla..."

Bazen anne baba imtihan vesilesi olabilir. İslam'ı bilemedikleri için nefsi davranabilirler. O zaman da sana güzel bir sabır düşüyor. Onları kırmadan anlatmaya çalışacaksın. Yaşantınla örnek olacaksın. Senin sözlerinden daha çok yaşantın onlara tesir edebilir. Kalplerini yumuşatır. Onların Rabbimizin rızasına aykırı isteklerine boyun eğmek zorunda değilsin. "Allah'a isyan olan konularda mahluka itaat yoktur." İsteklerinin Rabbimizin rızasına aykırı olduğunu, onların anlayabileceği bir dille anlatmalısın.

Bu bölümü Allah Resûlü'nün(sav) bir duasıyla bitirelim:

"Anne ve babasına iyilik yapana ne mutlu! Allah onun ömrünü arttırsın."

Müslümanda Olması Gerekenler

1-Takva Ehlidir

Kur'an terbiyesiyle yetişen Müslümanın önemli vasıflarından biri takva ehli olmasıdır. Birçok ayet-i kerimede Rabbimiz takvayı hatırlatır. İman eden kullarının muttaki olmasını ister. Öyleyse takva nedir? Önce onu anlayalım.

"Takva, iman edip emir ve yasaklarına uyarak, Allah'a karşı gelmekten sakınmak, dünya ve ahirette insana zarar verecek, ilahi azaba sebep olabilecek inanç, söz, fiil ve davranışlardan ve her türlü günahtan sakınmak anlamına gelir. Takva sahibine muttaki denir.

Takvanın üç mertebesi vardır:

1- Şirk, küfür ve nifaktan korunarak imana sarılmak.(Fetih, 48:26) Kelime-i tevhid, (Lailahe illallah = Allah'tan başka ilah yoktur cümlesi) kelime-i takvadır. (Tirmizi, Tefsir, 48)

2- Büyük günahları işlemekten, küçük günahlarda ısrar etmekten kendini alıkoymak ve dinî görevleri, farzları yerine getirmek.(A'râf, 7:96)

3- Kalbi, Hak'tan meşgul edecek her şeyden temizleyip bütün varlığı ile Allah'a yönelmektir.(Âl-i imrân, 3:102)"[3]

---

3 *Dini Kavramlar Sözlüğü*, Diyanet İşleri Başkanlığı Yayınları, s. 348

Günümüzde takva ehli olmak kolay değildir. Günahlar etrafımızı çepeçevre sarmış. Şeytan ve dostları tam mesai çalışıyor. Sen Allah'ın rızasını kazanmak istiyorsun. Allah'ın sevdiği bir kul olmak gayretindesin. Dünya imtihanını kazanıp cennetle ödüllendirilmek için uğraşıyorsun. Cennette Efendimize(sav) komşu olmak ve Rabbimizin cemalini görmek en büyük hayalin. Öyleyse doğru yoldasın. Takvayı azık edin. O, azıkların en hayırlısıdır. Bu yolda kazananlar hep bu azıkla beslendiler. Dünyanın eğlencesine ve oyununa aldanmadılar. Çünkü onlar Rabbimizin, "Ey iman edenler! (Gücünüz nisbetinde) Allah'ın emrine uygun yaşayın/aykırılıktan sakının ve ancak müslümanlar olarak can verin,"(Âl-i İmrân, 3:102) emrine kulak verdiler ve gereğini yerine getirdiler. Allah'ın emrince yaşamak fabrika ayarlarına dönmek gibidir. Huzur ve mutluluk ondadır. Tüm insanlar bunun peşinde olmasına rağmen, bu reçeteyi yanlış adreste aradıkları için elde edemiyorlar. Sen istikamet üzeresin. Fâtiha'nın açtığı nurlu yolda istikamet üzere yürümektesin. Kendine bu yolun öncülerini lider edinmişsin. Gözünü ötelere dikmişsin. Allah katında seçilmişlerden olmak istiyorsun. Reçeteyi Rabbimiz sunuyor,

> "Hiç şüphesiz ki sizin Allah yanında en şerefliniz, en takvâlınız (Allah'ın emirlerine en uygun yaşayanınız ve günahlardan sakınanınız)dır. Şüphesiz, Allah hakkıyla bilendir, (her şeyden) haberi olandır."(Hucurât, 49:13)

Sen günahlara savaş açtın. Şeytanı düşman belledin. Rabbinden uzaklaştıracak her daveti elinin tersiyle itiverdin. Yolun açık olsun. Mekânın cennet olsun. Sen büyük hesap peşindesin. Herkesin kendi başının derdine düşeceği günde kurtulanlardan olmak istiyorsun. Seni yolundan alıkoymak isteyenlere karşı, uyanık olmak için şu Rabbani mesaja kulak vermelisin:

"Ey iman edenler! Allah'ın emirlerine uygun yaşayın ve herkes yarın için önden ne (yapıp) gönderdiğine baksın. Allah'ın emirlerine aykırı davranmaktan sakının. Şüphesiz Allah, yaptıklarınızdan hakkıyla haberdardır."(Haşr, 59:18)

Ahiret merkezli yaşamayı kendine yol edindin. Ne mutlu sana. Çünkü sen Rabbinin rızasını nefsinin isteklerinin önünde tuttun. Nefsine uyarak Rabbini gücendirmedin. Şeytanın yolunu izleyerek Efendimizi(sav) terk etmedin. İşte gidilecek yol budur. Bu yolun sonu cennete çıkar. Rabbinin rızası buradadır. Sözümüzü Rabbimizin hayat bahşeden uyarısıyla destekleyelim:

"Ey iman edenler! Allah'ın emirlerine uygun yaşayın/aykırı davranmaktan sakının ve doğru (sâdık) olanlarla beraber olun."(Tevbe, 9:119)

Rabbimizin emrine uygun yaşarken yol arkadaşımız özü ve sözü bir olan sadıklar olacakmış. Yola çıkarken kılavuz önemlidir. Yola çıkmadan yol arkadaşı edinmelisin. Yol arkadaşın bu yolda tecrübe kazanmışlardan olmalı. Böyle olursa yol kolay olur. Meşakkatleri kolay atlatılır. Zorluklara da sabredersiniz. Çünkü sabrın neticesinde büyük ödül vardır. İman edip günahlardan sakınanlara Rabbimizin vaadi şöyledir:

"Eğer onlar (Kur'an'a ve Peygamber'e) iman edip de (günahlardan) sakınsalardı, Allah katında kazanacakları sevap daha hayırlı olurdu. Keşke bilselerdi."(Bakara, 2:103)

Rabbimizin terbiye ettiği ve bize en güzel model olarak gönderdiği Efendimize(sav) şöyle bir soru yönelttiler, "Muhammed'in âli (ailesi) kimdir?" Buna şöyle cevap verdiler, "Takva sahibi olan herkes." Demek ki takva, seni Efendimizin(sav) sevdiği ve, "Bendendir," diye sahiplendiği kardeşleri arasına aldıran muhteşem bir haslettir. Yine bir gün kendisinden nasihat isteyen sahabeye şöyle buyurdu:

"Takvaya sıkı bir şekilde sarıl. Zira bütün hayırları kendisinde toplayan haslet takvadır. Cihada dikkatli bir şekilde riayet et. Çünkü Müslümanın ruhbanlığı cihaddır. Daima Allah'ı zikirle meşgul ol, çünkü bu senin için nurdur."(Süyûtî)

Hz. Ali'nin tavsiyesini de unutma! "Dünyada insanların efendisi cömert olanlardır. Ahirette insanların efendisi ise takva sahibi olanlardır."

Sen takva sahibi ol. Seninle arkadaşlık edenler takva sahibiyle arkadaş olmanın mutluluğunu yaşasınlar. Takva sahiplerini arkadaş edin. Kendini ahir zamanın fitne ve fesadından korumuş olursun. Dünya azığı takva olanların, ahiret yurdu cennet olacaktır inşallah.

2-Zikir Ehlidir

"Sözlükte anmak, hatırlamak ve yad etmek anlamına gelen zikir, dinî bir terim olarak ise Allah'ı anmak ve hatırlamak, O'nu unutmamak ve gaflet halinde olmamak, Allah kelimesini ve tekbir, tehlil, tesbih, tahmid cümlelerini tekrarlamak demektir. Zikir, Allah'ın yüceliğini dile getirmek ve manevi yetkinliğe ulaşmak amacıyla yapılır."[4]

Dünyadan ahirete doğru giden yolculukta Müslümanın manevi yakıtıdır zikir. Ruhun gıdasıdır. Kalbin cilasıdır. İbadettir aynı zamanda. Her zaman her yerde her hâlde yapılabilecek kolay bir ibadettir. Kur'an'da üç yüze yakın yerde hatırlatılmaktadır. Abdestli veya abdestsiz bir şekilde yapılabilir. Ayaktayken, otururken veya yatarken zikredebilirsin. Yapılması kolay sevabı çoktur.

Zikir, Allah'ı anmak, anlamak ve anlatmaktır. Sana bunca nimeti karşılıksız veren Rabbini çokca zikretmelisin. Sen O'nu

4 *Dini Kavramlar Sözlüğü*, Diyanet İşleri Başkanlığı Yayınları, s. 715

zikrettikçe O da seni zikreder. Rabbinin seni zikretmesi ne büyük bir nimettir. Sakın bu nimetten kendini mahrum etme. Rabbimizin şu emrine dikkat et!

"Ey iman edenler! Allah'ı çok anın (zikredin)."(Ahzâb, 33:41)

Başka ibadetler için kullanmadığı bir şekilde bunu bizden istiyor. "Çokca zikredin," buyuruyor. Seven sevdiğini anar. Seven sevdiğini unutmaz. Seven sevdiğiyle birlikte olmaktan mutlu olur. Sen Rabbini seviyorsan dilinden düşürmezsin O'nun ismini. Önce dille başlarsın zikretmeye. Aklın eşlik eder sana. O'nu zikrederken tefekkür edersin ayetlerini, isimlerini, nimetlerini ve büyüklüğünü. Böylece aklında zikretmiş olur. Derken bu zikre kalbin de eşlik etmeye başlar. Dilin zikrini, aklın tefekkürünü kalbinde hissetmeye başlarsın. Sana senden daha yakın olan Rabbini zikrettikçe gönlünde tarifi güç bir tat hissetmeye başlarsın. Kalbin zikre başlaması tüm hücrelerinin zikretmesine vesiledir. İşte o zaman bir kez, "Allah!" desen dökülüverir tüm günahların. Sen uyursun kalbin zikre devam eder. Kalbin zikrettikçe Rabbini, hücrelerin de eşlik eder ona. Rabbim o lezzeti tattırsın sana, bana ve tüm arzu edenlere. Amin.

İnsan mutlu olmak ister. Mutlu olmanın yollarını arar. Bulamayınca bunalıma girer. Kimi müzikte arar mutluluğu kimi sporda kimi de eğlencede. Bazıları Allah'ın haram kıldıklarında. İşin içinden çıkamayınca ya alkola verir kendini ya da uyuşturucuya. Hâlbuki aradığı başka bir şeydir. Kalpleri elinde bulunduran ve onları en iyi bilen Rabbimiz mutluluğun adresini şöyle veriyor biz kullarına:

"Şunu iyi bilin ki gönüller (ancak) Allah'ı anmakla huzura kavuşur."(Ra'd, 13:28)

Demekki kalplerin huzuru Allah'ı tanımak, anmak ve O'nun istediği gibi yaşamaktan geçiyormuş. Bu ayeti mealinde Hasan Tahsin Feyizli Hoca şöyle yorumluyor:

"Allah'ı istiğfâr ve tevhid ile anmanın yanında en büyük zikir Kur'an'dır ki o da onu hem okumak hem de emirlerini hayata hâkim kılmakla olur. O zaman fikir, gönül ve hayat huzura erişir. Yoksa, gayesi gerçekleşmeyen zikirlerle kalp ve hayat huzursuzluktan kurtulamaz. Allah'ın zikrini kalbine, fikrine ve hayatına geçiremeyenler, dalları sulanan fakat köklerine su ulaşamayan ağaçlar gibi olurlar. Şu da hadîs-i şerîfle sabittir ki (özetle:) 'Kim Allah'a itaat etmişse, farz ibadetleri yerine getirmişse Allah'ı zikretmiş olur. Fakat haramlardan kaçınmayan kimse namazı, orucu, haccı, zekâtı çok olsa da, Allah'ı zikretmemiş olur.' Ayrıca beslenme eksikliği, zehirli gıdalar ve mikropların vücut sağlığımızın düşmanı olup onu tahrip etmesi gibi, ibadetsizlik, Allah'ı zikretmemek ve günahlar da ruh sağlığını tahrip eder. Şeytan da bunu unutturmak için daha fazla oyun ve eğlenceye daldırır."

Yolumuzu aydınlatan, bütün insanlığa rehber olan, en güzel örneğimiz Efendimiz(sav) şöyle buyuruyor:

"Amellerinizin en hayırlısı, melikiniz (ve Rabbiniz) katında en temizi, derecenizi en çok yükselteni, altın ve gümüş infak etmekten ve düşmanla boğaz boğaza mücadele ederek sizin düşmanı, düşmanın sizi öldürmesinden (şehid veya gazi olmaktan) daha faziletli olan nedir, size haber vereyim mi?" Ashab,

"Evet, bu ne imiş haber ver ya Rasulallah," dediler. Bunun üzerine Resülullah:

"Allah Teâlâ'yı zikretmektir."(İbn-i Mace, Edeb, 53)

Zikredenler olduğu sürece kıyamet kopmayacaktır. Dünyanın varlığı zikredenlerin varlığı ile kaimdir. Dünya zikredenler sayesinde ayakta duruyor dense yeridir. Bu kainatta bulunan bütün varlıklar kendince Rabbini zikretmektedir. Yerde ve gökte olan bir varlık söyleyin ki Rabbini zikrediyor olmasın. Hepsi kendi lisanıyla zikreder. Dağlar, taşlar, ırmaklar, bitkiler, hayvanlar hepsi Rabbini zikreder. Sen de bu kainat korosunda yerini al. Sen de Rabbini zikredenlerden ol. Rabbimiz kıyametin dehşetinden korkup, kendisine kullukta gayretli olan ve dünya meşgalelerinin kendisini, Allah'ı zikretmekten alıkoymayan kullarını yüce kitabımızda şöyle methediyor:

> "(İşte) nice adamlar (var)dır ki onları ne ticaret ne de alışveriş, Allah'ı anmaktan, namazı dosdoğru/gereğine uygun kılmaktan, zekâtı vermekten alıkoyar. Onlar, (dehşetinden) kalplerin ve gözlerin halden hâle geçeceği bir günden korkarlar."(Nûr, 24:37)

Sen de bu bahtiyar kullar arasında olmak istersen Rabbini çokca zikret. Elin işteyken gönlün Rabbinle birlikte olsun. Elin kârda, gönlün yârda olsun. En kârlı ticaret budur. Dünya ve ahiret mutluluğu bundadır. Fakat insan unutkandır. Dünya onu kendiyle meşgul eder. Aldatıcı şeytan, insanı Rabbinden uzaklaştırmak için tuzaklar kurar ve onu aldatır. Kulun Rabbini zikretmesinden hoşlanmaz hatta kahrolur. İşte burada Rabbimizin şu mübarek ayeti imdadımıza yetişir:

> "Ey iman edenler! Mallarınız ve evlatlarınız sizi Allah'ın zikrinden (ibadet ve itaatinden) oyalayıp alıkoymasın. Kim bunu yaparsa (onlar yüzünden Allah'ın zikrinden/kulluk görevlerinden gaflet ederse) işte onlar, hüsrana uğrayanların ta kendileridir."(Münâfikûn, 63:9)

Kaybedenlerden olmamak için Rabbimizle aramıza girenleri aradan çıkarmalıyız. Hatta Rabbinle arana giren benliğinse onu da çıkarmalısın.

Her gün gönlünün gıdası zikrin olmalı. Yemek gibi bunu ihmal etmemelisin. Yemek vücudun gıdası, zikir kalbin gıdasıdır. Sana belli zikirleri tavsiye edeceğim. Gücün yettiğince yapmaya çalış.

Tadını aldığında bırakamayacaksın. Allah dostlarının hadislerden çıkardığı bir reçetedir.

Günlük yapabileceğin zikirler:

1- 100 defa İstiğfar (Estağfirullah)

2- 100 defa Kelime-i Tevhid (Lâilâhe illallah Muhammedün Rasulüllah)

3- 100 defa Salavat-ı Şerife (Allahümme salli alâ Muhammedin ve alâ âli Muhammed)

4- 100 defa İhlas Suresi, besmele ile birlikte

5- 500 defa Allah Allah Allah...

Bunları gücün yettiğince her gün yapmaya çalış. Abdestli olarak, kıbleye karşı oturarak, sakin bir mekânda bir defada yapmak güzeldir. Tavsiye ederim. Gücün yettiğince buna günün belli bir vaktini ayır. Mümkünse sabah namazından sonra yapmaya çalış. Olmazsa sana uygun bir vakti tercih edebilirsin.

Çok yoğun olduğun zamanlar da abdestsiz olarak da yapabilirsin. Hepsini bir defada yapamıyorsan fırsat buldukça yapmaya çalış. Ayakta, otururken veya yatarken zikredebilirsin. Çalışırken, yürürken veya dinlenirken yine zikredebilirsin.

Yukarıdakilere ilave olarak Efendimizin(sav) tavsiye ettiği diğer zikirleri de ekleyebilirsin. Ölçümüz az da olsa devamlı olanıdır. Bir gün çok zikredip diğer günlerde ihmal etmektense her gün belirli miktarda zikretmek daha güzeldir.

Ayrıca günün her vaktinde fırsat buldukça dilini damağına yapıştırarak kalbinle, "Allah, Allah, Allah," demeye gayret et. Bu da çok sevaplı bir ameldir. Senin bu hâlini Rabbinden başka kimse bilemez. Melekler bile fark edemez. Bu hâl Rabbimizin çok hoşuna gider. Sen Rabbini zikretmeye devam et. Yaşadığın hâl üzere Rabbine yürürsün. Ecelin geldiğinde zikrederken canını Rabbine teslim edersin. Bir mümin için bu en güzel sondur. Rabbim hepimize böyle güzel ölüm nasip eylesin.

Yaşarken zikirdeki hedefimiz, Allah'ın adı anıldığında ürperen bir kalbe sahip olmak ve okuduğumuz ayetlerin imanımızı kuvvetlendirmesidir. Rabbimiz hedefimizi açıklıyor:

> "(Gerçek anlamda) inananlar, ancak o kimselerdir ki Allah'ın adı anıldığı zaman yürekleri titrer, O'nun âyetleri kendilerine okunduğu zaman, (bu) onların iman (nur)larını artırır (kuvvetlendirir). Ve (her işlerinde) ancak Rablerine güvenirler."(Enfâl, 8:2)

3-Şükür Ehlidir

"Şükür, karşılığını vermek, yapılan iyiliği dile getirmek ve sahibini övmek gibi manalara gelir. Dinî bir terim olarak yapılan bir iyiliğin kadir ve kıymetini bilip makbule geçtiğini dile getirmek, iyilik edeni övmek, nankör olmamak demektir."[5]

Sufilerin diliyle şükür, "İhsanda bulunanın nimetini ona boyun eğerek itiraf etmektir." "Şükür, şükürden aciz kalındığını idrak etmektir." "Şükre şükür, şükürden daha mükemmeldir. Şükre şükür, şükrün Allah'ın muvaffak kılmasıyla olduğunu görmektir. Allah'ın muvaffak kılması senin üzerindeki nimetlerin en büyüğüdür."[6]

Allah'ın üzerindeki nimetlerini saymaya gücün yeter mi? Mümkün değil. Hangi nimetini sayabilirsin ki? Bütün bu nimetleri vereni tanımak, nimetleri hak etmediğin hâlde sana vermesinden dolayı mahcup olmak ve gereğince O'na kulluk etmek gayretinde olmak senin vazifendir. Sahip olduğunu zannettiğin herşey Rabbinin sana ihsanıdır. İman en büyük nimet. İslam Allah'ın büyük ikramı. Akıl ve sağlığın karşılığını verebilir misin? Öncelikle

---

5 *Dini Kavramlar Sözlüğü*, Diyanet İşleri Başkanlığı Yayınları, s. 622
6 *Kuşeyrî Risalesi*, s. 313-319

şükrümüz Rabbimize olmalıdır, sonra Rabbimizin şükretmemizi istediklerine. Her konuda olduğu gibi şükür konusunda da en güzel örneğimiz Efendimiz'dir(sav).

Efendimiz bir gece sabaha kadar gözyaşlarıyla Rabbine ibadet eder. Bu hâlini anlamaya çalışan sevgili eşi Hz. Âişe validemize, "Bütün bu nimetleri veren Rabbime çok şükreden bir kul olmayayım mı?" diyerek izah eder. Öyleyse Rabbimizin emrine kulak verelim:

"Andolsun ki biz, Lokman'a: 'Allah'a şükret,' diye(rek) hikmet verdik. Kim (Allah'ın nimetlerine) şükrederse, ancak kendi (fayda)sı için şükretmiş olur. Kim de (isyan ve itaatsizlik yoluyla) nankörlük ederse, şüphesiz ki Allah Ganidir (çok zengindir hiçbir şeye ve hiç bir kimseye muhtaç değildir). Hem de övülmeye layık olandır."(Lokmân, 31:12)

"Artık Allah'ın size helal ve temiz olarak verdiği şeylerden yiyin. Eğer O'na kulluk ediyorsanız, Allah'ın nimetine şükredin."(Nahl, 16:114)

"O halde beni (ibadet ve itaatle) hatırlayın ki ben de sizi (sevap ve mağfiretle) anayım; bana şükredin (ibadetsizlik ve itaatsizlikle) bana nankörlük yapmayın."(Bakara, 2:152)

Bu ayeti mealinde Hasan Tahsin Feyizli Hoca şöyle açıklar:

"İnsanlardan bir kısmı sahip olduğu dünyalıklarla sevinmekte, övünmekte, diğer bir kısmı da maddî/teknolojik ürünleri icat edenleri veya kendisinde güç görüp kahramanlaştırdığı şahsiyetleri övmekte ve onları şükranla anmakta iken; buna karşılık kendisini yaratan ve sayısız nimetler lütfeden Allah'ın yüceliğini ve O'na şükrünü, kulluk borcunu unutmaktadırlar ki bu da tam anlamıyla nankörlüktür. Allah'a ibadet ve itaatle şükrü yerine getirmek, nimeti artırır, basireti açar, berekete vesile olur. Emirlerine muhalefet etmek/karşı çıkmak ve itaatsizlik ise, küfür ve nankörlük olup azabı artırır."

Sen de kendine teşekkür etmeyi prensip edin. Önce Rabbine şükredici ol. O'na şükür istediği gibi kul olmakla mümkündür. Aczini bilmektir. İbadetlerini zamanında ve ihlasla yapmaktır. İsraf etmemektir.

Sonra anne babana teşekkürü bir vazife bil. Onlara hürmette kusur etme. Gönüllerini almaya çalış. Hizmetlerini güzel yap. İhtiyaçlarını gider. Saygıda kusur etme. Onlara karşı güler yüzlü, tatlı dilli ol. Hoşuna gitmeyen bir şey yaptıklarında sabret. Bu hâl Rabbinin hoşuna gidecektir. Sadece Allah'a isyana çağırırlarsa itaat etmezsin.

Evliysen eşine teşekkür et. Aranızda muhabbet artar. Yaptığı hizmetten mutluluk duyar ve devam etmesine vesile olur. İnsan takdir edilmekten haz duyar. Eşinden bunu esirgeme. Kullara teşekkür etmeyen, Allah'a da şükredemez.

Arkadaşlarına teşekkür et. Yaptığı iyiliğin farkında olsun. Güzelliklerini devam ettirsin. Sana olan muhabbeti pekişsin.

Olduğunda çocuğuna teşekkür et. Şükrü senden öğrensin. İyiliğe nasıl karşılık vereceğini bilsin. Güzel insan olsun.

Bu güzellikleri hep birilerinden bekleriz. Başkalarından beklediklerimizi önce biz yapabilsek güzel insan oluruz. Allah'ın sevgisini kazanırız. İnsanların beğendiği, sevdiği ve aradığı bir dost oluruz. Dünyamızı cennet kılarız. Sen cenneti aramıyor musun? Bunu başarmak senin elinde.

Konuyla ilgili bir menkıbeyi burada paylaşmak yerinde olacak. "Bir şehzade yağız atından düştü. Kemikleri birbirine girdi ve boynu fil boynu gibi içeriye geçiverdi. Öyle ki, gövdesini döndürmeden başını çeviremez oldu. Hekimler bu durum karşısında şaşakaldılar. Yunan hekimlerinden biri müstesna. Şehzadenin boynunu çevirdi, damarlarını doğrulttu. Eğer o olmasaydı şehzade sakat kalacaktı.

Aradan yıllar geçti. Günün birinde aynı hekim, vaktiyle şehzade olan padişahın huzuruna çıktı. Fakat nankör, uğursuz padişah yüzüne bile bakmadı. Hiç beklemediği bu davranış karşısında hekim utandı, başı önüne düştü. İşittim ki hem gidiyor hem de usulca mırıldanıyordu. 'Eğer dün onun boynunu çevirmeseydim o da bugün benden yüz çevirmeyecekti.' Saraydan çıkarken bir hizmetçiye tohum verip, 'Öd ağacıyla tütsü yapsın,' diye padişaha gönderdi hekim.

Hizmetçi tohumu padişaha verince derhal yakılmasını emretti. Çıkan dumanla birden aksırmaya başladı. Aksırıkları hiç kesilmedi ve nihayet başıyla boynu yeniden eski hâline dönüverdi. Özür dilemek için hekimin ardında seyirtti yaverleri. Ne var ki onu çok aradılar ama bulamadılar.

Arkadaş, Allah'a şükretmekten yüz çevirme. Yoksa kıyamet günü elin boş kalır." (Sadî Şirâzî, Bostan ve Gülistan)

Cennete ilk davet edilenlerin kimler olduğunu biliyor musun? Efendimiz(sav) haber verdi ki, "Cennete ilk davet edilecek olanlar her halükârda Allahu Teâlâ'ya hamdedenlerdir." (Süyûtî) Biz de her işimizde ve sözlerimizin sonunda, "Âlemlerin Rabbi olan Allah'a hamdolsun,"(Sâffât, 37:182) diyelim inşallah.

4-İhlas Ehlidir

Müslümanın önemli vasıflarından biri ihlas ehli olmasıdır. Yaptığını sadece Allah için ve Allah adına yapmasıdır. Kulun amelleri ihlasına göre değerlendirilir. Rabbimiz şöyle buyuruyor:

"De ki: 'Ben, dini yalnız Allah'a halis kılarak (ihlasla) O'na kulluk etmemle emredildim.'"(Zümer, 39:11) Allah(cc) kullarının ihlaslı olmalarını istiyor. Öyleyse önce ihlas nedir onu öğrenelim.

"Saf ve hâlis olmak, karışık ve şaibeli olmamak ve kurtulmak, anlamındaki 'h-l-s' kökünden türeyen ihlas kelimesi sözlükte, bir şeyi hâlis kılmak, hâlis olmak, özünü almak ve seçmek anlamındadır. Dinî bir terim olarak iman, ibadet, itaat, ahlak, amel, dua... gibi her türlü dinî görevleri, halkın övme ve beğenmesini, yerme ve kınamasını düşünmeksizin sırf Allah için iyi ve hâlis bir niyetle yapmak, şirk, riya, nifak vb şaibelerden uzak durmak, söz, fiil ve davranışlarında samimi ve dosdoğru olmaktır.

İhlas, Allah ile kul arasında bir sırdır. Öyle bir sır ki onu melek bilip yazamaz, şeytan bilip ifsat edemez. Çünkü ihlas kalbe ait bir ameldir."[7]

Sufiler ihlası şöyle tarif etmişlerdir: "İhlas, ibadet ve itaatte sadece Allah'ın rızasını istemektir."

Yaptığını Allah için, Allah adına yapmak. İnsanların bilmesinden ve takdir etmesinden kendini korumak. İçin ile dışının bir olması. Amellerinde yaptıklarını görmemek, iyiliklerini unutmak, ahirette bile karşılık beklememek. Niyetinin arı, duru ve samimi olması. Kazanılması, korunması ve devam ettirilmesi zor bir hâldir ihlas. Fakat sahibini Allah'a sevgili kılan muhteşem bir hâldir. Ameller ona göre değer kazanır ya da değersizleşir. Dışarıdan bilinmez. Sadece sahibi dikkat eder, kendini kontrol ederse kavrayabilir. Fakat Allah'a gizli değildir. Çünkü kalplerde olanı en iyi bilen O'dur.

Peygamberlere ve onların şahsında bizlere öğütlenen ihlas ehli olmaktır. Rabbinin rızasını istiyorsan sen de ihlası elde etmeye çalış. Kendini riyadan koru. Yaptığın amelleri ihlas ile yapmaya gayret et. Çok zordur ama imkânsız değildir. Rabbimizin isteği çok açık:

"De ki: 'Ben, dinimi Allah'a halis kılarak (ihlaslı olarak) yalnız O'na kulluk ederim.'"(Zümer, 39:14) Bu ayeti mealinde Hasan Tahsin Feyizli Hoca şöyle açıklıyor:

---

7 *Dini Kavramlar Sözlüğü*, Diyanet İşleri Başkanlığı Yayınları, s. 299

"Din, insanların keyiflerine göre değil, yüce Allah'ın belirlediği, razı olduğu ve Resûlü'nün uyguladığı şekliyle yaşanmak ve hayata geçirilmekle Allah'a halis kılınmış olur. Müşrikler ise, Rasulullah'tan, kendi sistem, gelenek ve yaşantılarına uygun olacak ve onları değiştirmeyecek bir din şekli istiyorlardı. Rasulullah(sav) bu istekleri doğrultusunda hareket etmeyince, 'Bölücülük yapıyor,' dediler. Yüce Allah bu ayetlerle insanın neyi tercih edip kime kulluk edeceğini bildirmektedir."

Ebu Süleyman Darânî(r.aleyh), "Kul ihlas üzere olursa içinde bulunan vesvese ve riyaların pek çoğu kesilip atılmış olur," demiştir.

Hedefimiz ihlas üzere olmaktır. Amellerimizi büyüten, değerlendiren ve Rabbimize sevdiren budur. Yoksa her şeyin iç yüzünün gösterileceği o büyük günde iflas edenlerden oluruz. Rabbimiz bizi ihlas ehlinden eylesin. İhlasımızı zedeleyecek her türlü duygu ve düşünceden korusun. Amin.

Kurtulanlar Rabbimizin tarifine uyanlar olacaktır. Gel nefsimizi kontrol edelim. Rabbimizin tarifine göre nefsimize not verelim. İşte ölçü:

"Arınmak için, malını (sırf Allah rızası için) veren en takvâlı (Allah'ın emirlerine en uygun yaşayan) kimse ise, o (ateşin azabı)ndan uzaklaştırılacaktır. O, yanındaki verilecek nimeti, bir kimseden şükran beklemek için değil, ancak yüce Rabbinin rızasını kazanmak için verir."(Leyl, 92:17-20)

"O halde kâfirlerin hoşuna gitmese de dini yalnız Allah'a has kılarak O'na dua (ve ibadet) edin."(Mü'min, 40:14)

"Dini Allah'a has kılmak; dinin gereğini yerine getirirken onun üzerine nefsin ve dış güçlerin izin verdiği kadarıyla yapabilmek gibi bir gölge düşürmemek, samimi olmak, başka şeyleri gönülden çıkarmaktır. Dinin emirlerini yerine getirmede Allah'ın hâkimiyeti geçerli olmalı ki din Allah'a has kılınmış olsun." (Feyzü'l Furkan Meali, Hasan Tahsin Feyizli)

5-Tevbe ve İstiğfar Ehlidir

İnsan unutkan bir varlıktır. Nereden geldiğini nereye gittiğini unutuyor. Kendini var edeni unutuyor. Sonra şeytanın çağrısına uyup günaha dalıyor. Rabbinden uzaklaşıyor. Nefsinin esiri oluyor. Meleklerden bile üstünken aşağıların aşağısına yuvarlanıyor.

Hatırlar mısın Hz. Âdem ve Hz. Havva cennetteydi. İstedikleri her nimet ellerinin altındaydı. Yok yoktu. Rabbimiz onlara lazım olacak her şeyi var etmişti. Sadece bir ağaca dokunmamalarını istemişti. Yasaklanan ağaca dokunurlarsa sahip olduklarını kaybedeceklerdi. Fakat Hz. Âdem'e düşman olan, ona secde etmediği için konumunu kaybeden şeytan, fırsat kolluyordu. Yasak ağaç şeytan için kaçırılmaz bir fırsat oldu. Hz. Âdem ve eşine bu ağaçtan yedirerek huzurdan kovduracak, böylece intikamını alacaktı. Fakat bunun için bir yol bulmalıydı. Aldatmak için kendince muhteşem bir tuzak kurdu. Allah adına yalan uydurarak Hz. Âdem'e şöyle fısıldadı:

> "'Rabbinizin bu ağacı size yasaklaması, melek olmanızı veya burada temelli kalmanızı önlemek içindir,' dedi. 'Ben size öğüt verenlerdenim,' diye onlara yemin etti."(A'râf, 7:20-21)

Hz. Âdem ve eşi, şeytanın bu hilesine uymaları neticesinde cennet nimetinden mahrum oldular. Yıllarca birbirlerinden uzak kaldılar. Ayrılık ateşiyle yandılar. Allah'ın sözüne uymamanın, şeytana kulak vermenin bedelini ödediler. Rabbimiz burada seni anlatıyor. Senin hayat sahnenden bir sahneyi gözünün önüne seriyor. Fıtratında olan ebedilik özlemine dikkat çekiyor. İlahlaşma eğilimini hatırlatıyor. Şeytan, atana tuzak kurup nasıl aldattıysa aynısını sana da yapacaktır. Dikkatli olmalısın. Rabbimiz bunu bize ibret olsun diye anlatıyor. Kendimize çıkaracağımız dersleri öğretiyor. Anlatılan kıssada Hz. Âdem ve eşi yaptıkları hatayı anladılar, Rablerinden öğrendikleri kelimelerle yalvardılar, bağışlamasını istediler.

"'Rabbimiz, kendimize yazık ettik. Bizi bağışlamaz ve bize acımazsan, şüphesiz kaybedenlerden oluruz,' dediler."(A'râf, 7:23)

Allah kullarına karşı çok merhametlidir. Hz. Âdem kıssasında gördüğümüz gibi kullarının hatalarına karşı onlara kendilerini affettirmek için yol gösteriyor. Bize tevbe gibi bir lütufta bulunmuştur.

"Sözlükte 'pişmanlık, dönme' anlamına gelen 'tevbe', İslamî bir kavram olarak, kulun işlediği kötülük ve günahlara pişman olup, onları terk ederek Allah'a yönelmesi, emirlerine uymak ve yasaklardan kaçınmak suretiyle Allah'a sığınarak bağışlanmasını dilemek demektir."[8]

Günahlara tevbe etmek Rabbimizin emridir, farzdır. Bu tevbenin samimi olmasını ister. Hata ettiğimizde hatamızda ısrar etmeden, pişman olarak Rabbimize yönelmemiz ve işlediğimiz hatayı terk etmemiz bizden istenir. Rabbimiz şu ayet-i kerimede bunu açıklıyor:

"Ey iman edenler! Tam ve kesin (örnek olacak) bir tevbe ile Allah'a yönelin. (Böyle yaparsanız) umulur ki Rabbiniz sizin kötülüklerinizi örter ve sizi alt tarafından ırmaklar akan cennetlere koyar."(Tahrîm, 66:8)

Hasan Tahsin Feyizli Hoca mealinde şu güzel açıklamayı yapmıştır:

"Tevbenin altı şartı olduğu açıklanmıştır: 1. Geçmiş günahlardan pişmanlık. 2. Terkedilen farzları yapmak. 3. Kul haklarını yerine getirmek. 4. Hasımlarla helalleşmek. 5. Bir daha günaha

8 *Dini Kavramlar Sözlüğü*, Diyanet İşleri Başkanlığı Yayınları, s. 657

dönmemek. 6. Nefsini mâsiyet içinde terbiye ettiği gibi, Allah'a itaatle de eğitmek."

"İstiğfar, sözlükte 'örtmek, örtbas etmek' anlamına gelirken dinî bir kavram olarak, hata ve günahların Allah tarafından af ve mağfiret edilmesini istemek; kulun işlediği iyi ve güzel amelleri azımsayıp bunları artırmaya çalışması, günahları çok bulup bunları azaltmaya gayret etmesi demektir."[9] Aşağıdaki ayet-i kerimede Rabbimiz bizden istiğfar etmemizi istiyor:

"Hemen Rabbini hamd ile (överek) tesbih et ve O'ndan bağışlanma dile. Çünkü O, tevbeleri çok kabul edendir."(Nasr, 110:3)

Allah Resûlü, bu surenin inmesi ile, "Sübhânallâhi ve bihamdihî, estağfirullâhe ve etûbü ileyh," duâsını çokça yapmaya başlamıştır.

Hz. Enes'in(ra) bildirdiğine göre, Efendimiz(sav) şöyle buyurmuştur:

"Günahtan tevbe eden, günahsız gibidir. Allah bir kulunu sevdi mi, günah ona zarar vermez. (Çünkü tevbe etmesini nasip eder.)" Bundan sonra Resülullah Bakara Suresi'nin 222. ayetini okudu:

"Şüphesiz Allah, çokça tevbe edenleri de sever, çok temizlenenleri de sever." Bunun üzerine, "Tevbenin alameti nedir?" diye sorulunca, "Pişmanlıktır."buyurdu. (İbn-i Mace, Zühd, 30)

Gençlik dönemi çok risklidir. Şeytanın hilelerine açık bir dönemdir. Şeytanın tuzakları, nefsin istekleri, kötü arkadaşların tahrikleri ve çevrenin müsait oluşu günahı kolaylaştırabilir. Hatta günah işlemek marifetmiş gibi anlatılır. Günahlarıyla övünürler. Hâlbuki, "Kim gülerek günah işlerse ağlayarak cehenneme girecektir." Günahına şahit olanlar yarın ahirette şahitlik edecekler. Ayrıca günah işlemeye öncülük edenler kaç kişinin günah işleme-

---

9 *Dini Kavramlar Sözlüğü*, Diyanet İşleri Başkanlığı Yayınları, s. 332

sine vesile olduysa o kadar günahı katlanacak. Akıllı bir insanın yapacağı bir şaşkınlık değildir bu yaşam tarzı.

Gençliğin tahrikiyle birinin hakkına tecavüz ettiysen ona hakkını verip helallik istemelisin. Rabbinden de özür dilemelisin. Bazı uyanık geçinen şaşkınlar, hakkını gasbettiği kişiden gelişigüzel helallik istiyor. O da bilmeden helal olsun diyor. Fakat helallik isteyen kişinin hakkını gasbettiğini bilmiyor. Bu şekilde yapılan helalleşme doğru değildir. Helallik istediği kişi hakkının elinden alındığını bildiği zaman helal etmeyebilir. Onun için öncelikle hak sahiplerine hakkını verip öyle helalleşmek lazım.

Kim uydurdu bilmiyorum gençler arasında şöyle bir yalan dolaşıyor. Gençlik döneminde işlenen günahlar nikâh yapılınca affedilirmiş. "Gençler zina edebilir, flört yapabilir, alkol alabilir, eğlenebilir vs." Bu asla doğru değildir. Haramdır, günahtır ve cezası vardır. Tevbe etmeden ölürse ahiretini perişan eder. Allah'a günahlarından beli bükülmüş olarak kavuşur. Kur'an'da bu günahları işleyenlere verilecek cezaları Rabbimiz açık bir şekilde bildiriyor. Aman şeytanın ve şeytanlaşmış insanların bu yalanlarına inanma. Aklını kullan, Rabbine teslim ol. Yoksa yanarsın.

Günahını bile bile günahta ısrar etmek akıllı bir insanın yapacağı bir iş değildir. Günahın büyük veya küçük olmasından ziyade kime karşı işlendiği önemlidir. Dünyada işlenen hataların bile cezası varken Yaratıcımıza karşı işlenen günahların cezasının olmadığını düşünmek züğürt tesellisi olsa gerektir.

Bir başka tehlike de şeytan, insanı Allah'ın rahmetiyle aldatır. "Allah bağışlayıcı, affedici, methametli, şefkatli ve kullarına acıyıcıdır. Dolayısıyla ölmeden önce tevbe edersin. Hatalarından arınırsın. Sen gençliğini yaşamaya bak. Hayatın tadını çıkar. Bu gençlik bir daha ele geçmez, fırsatı iyi değerlendir," der ve seni ateşe sürükler. Aman dikkat et. Çok aldatıcı şeytan, nicelerini aldattığı gibi seni de aldatmasın.

Tevbe etmekte acele et. Tevbe eden gençleri Allah çok sever. Sen Allah'ın sevdiği gençlerden ol. Kendine iyilik et, tevbe et. Günahı terk et. Yaptıklarına pişman ol. Günah yerlerine uzak dur. Seni günaha davet eden arkadaşlarından ayrıl. Allah'tan bağışlanmayı iste ve yardım talep et. Sen O'na dönersen, O seni yalnız bırakmayacaktır. Samimi tevbene cevap verecek, affedecek, günahını silecek, sana da o günahı unutturacaktır. Ne mutlu günahı terk edip Rabbine istiğfar eden gençlere... Çünkü Efendimiz(sav) şöyle müjdeledi:

"Kulun tevbesinden dolayı Yüce Allah'ın sevinci, sizden birinizin ıssız çölde devesini kaybedip tekrar bulduğu zamanki sevincinden daha fazladır." (Buhari, Deavât, 2-6)

Kurtuluş arayanlara Rabbimizin daveti açık. Aracıya ihtiyaç yok. Seni işiten, sana dua ettiren ve hatanı fark ettiren Rabbinin şu çağrısına uy:

> "Ama kim (bu dünyada) tevbe ve iman edip iyi (sevaplı) iş (ve hareket)ler yaparsa, o takdirde kurtuluşa erenlerden olmayı umabilir."(Kasas, 28:67)

Rabbimiz kimlerin tevbesini bağışlayacağını aşağıdaki ayet-i kerime açıklıyor. Kendimizi kandırmayalım. Rabbimizin emrine itaat edelim.

> "Sonra (bil ki) Rabbin, bilmeyerek kötülük işleyip de sonra tevbe eden ve bunun ardından (kendisini) düzelten kimseler için (bağışlayıcıdır). Şüphesiz Rabbin, bundan sonra elbette çok bağışlayıcı, çok merhamet edicidir."(Nahl, 16:119)
>
> Allah Resûlü'nün(sav) tavsiyeleri:
>
> "Ey insanlar! Allah'a tevbe ve istiğfar ediniz. Ben günde yüz defa tevbe ediyorum." (Müslim, Zikr, 41-42)

"İstiğfara devam eden kimseyi Yüce Allah, her türlü sıkıntı ve kederden kurtarır ve onu ummadığı yerden rızıklandırır." (Ebu Davud, Vitr, 26)

6-Dua Ehlidir

Dua ibadettir. İbadetin özüdür. Allah dua eden kulunu sever. Dua etmeyene buğzeder. Dua, "Allah'ım Sana muhtacım," demektir. Dua etmemek Allah'tan müstağni olmaktır, "Allah'ım Sana ihtiyacım yok," demektir. Sen dua edenlerden ol. Allah ile bağını koparma.

Rabbimizin uyarısına dikkat et. Kendine yaşam tarzı edin. Güne dua ile başla. Günün bereketlenir. Duası olan kul pişman olmaz. Duası olanın ömrü de bereketlenir.

"(Resûlüm!) De ki: 'Dua (ve ibadeti)niz olmasa, Rabbim size ne diye değer versin?"(Furkân, 25:77)

Rabbimiz katındaki yerini merak ediyorsan duana bak. Duan sana bir aynadır. Rabbine ne kadar değer verdiğini veya Rabbinin sana ne kadar kıymet verdiğini görürsün duanda. Sahi en son ne zaman dua ettin? Kendinin de beğendiği ve, "Aferin bana," dediğin bir dua.

Bizden öncekiler Allah Resûlü'nün(sav) yolunu izleyerek kendilerine ayet ve hadislerden derledikleri dua risaleleri oluşturmuşlar. Her gün okumuşlar. Güne dua ile başlamışlar. Rabbimizin öğrettiği duaları, Efendimizin(sav) yaptığı duaları ve sahabenin(r.anhum) dualarını isteklerine tercüman kılmışlar. Allah hepsinden razı olsun. Bu dua demetleri günümüze kadar ulaşmış elhamdülillah.

Yıllar önce üniversiteyi okumak için İstanbul'a geldim. Okula başlamadan önce Fatih'te öğrenci evinde kalan bir arkadaşıma misafir oldum. İlk defa İstanbul'a gelmenin sevinci ve heyacanını yaşıyorum. Sabah namazını kılmak için kaldığımız eve yakın mütevazı tarihi bir camiye gittik. Sabah namazını kıldık.

Aşr-ı şerif okundu fakat kimse yerinden kalkmadı. Derken herkesin önüne birer rahle kondu, üzerine de bir kitap bırakıldı. Bu arada imam efendi okumaya başladı, cemaatte takip ediyor. Biz de yanımızda bulunan arkadaşa bakarak takibe başladık. Sonra cemaatten bazıları okumada görev aldılar. Yaklaşık kırk beş dakika sürdü. Devamında bazı ayet ve zikirler belirli sayılarda cemaate paylaştırılarak okundu. Sonunda dua edildi. Dua bittikten sonra birlikte iki rekat daha namaz kılındı. Sonra müsafahalaşılarak herkes dağıldı. Bendeniz ilk defa böyle bir mecliste bulundum. Merakla bu yapılanları öğrenmek istedim.

Caminin avlusunda caminin ismine baktım ki İskenderpaşa Camii yazıyor. Birlikte olduğum arkadaşa bu yapılanın ne olduğunu ve neler okunduğunu sordum. Arkadaşım benim merakımı daha fazla tahrik etmeden açıklamaya başladı.

"Burada gördüklerin ve yaşadıkların Efendimizin(sav) sünnetlerini yaşamaktan ibarettir. Güne namazla başlamak, dua ve zikirle devam etmek O'nun sünnetiydi. Efendimiz(sav) şöyle buyuruyor:

'Her kim sabah namazını cemaatle kılar, sonra güneş doğuncaya kadar oturup Allah'ı zikreder, daha sonra iki rekat namaz kılarsa ona bir hac ve umre sevabı vardır.' 'Kim sabah namazını kıldıktan sonra oturup güneş doğuncaya kadar Allah'ı zikrederse kesinlikle cennete girer.' (Tirmizî, C.1, s. 118)

Bu tavsiyeyi Mehmed Zahid Kotku(r.aleyh) hocamız gelenek haline getirmiş, cemaati teşvik ederek bu sünneti yaşamalarına vesile olmuşlar. Okunan ise Evrad-ı Şerif'tir. Ahmed Ziyaeddin-i Gümüşhanevî'nin(r.aleyh) hazırladığı dua kitabıdır. Ayet, hadis ve büyüklerin dualarından oluşmaktadır. Burada her gün bu irfan sofrası kurulur. Nasibi olanlar bu sofraya oturur nasibini alırlar. Sonunda birlikte zikir ve dua edilir. Geçmişlerimiz hayırla, dua ile yad edilirken, kendimize ve bütün Müslümanlara da dua edilir. Böylece her gün hac ve umre sevabı kazanırız. Günün bereketine nail oluruz. Kainat korosundaki yerimizi alırız." Anlatılanlar çok hoşuma gitti. Ondan sonraki yıllarda fırsat buldukça bu tarife uymak için gayret ettim.

Bu konuda yazılmış yüzlerce dua risalesi bulabilirsiniz. Size tavsiyem araştırın, inceleyin hoşunuza giden dua kitaplarından birini okumaya devam edin. Çok faydasını göreceksiniz.

Rabbimizin bütün kullarına açık bir daveti var. Bu davete icabet edenler kazanacak, icabet etmeyenler kaybedecek.

> "Rabbiniz buyurdu ki: 'Bana dua edin, (isteyin) size karşılık ver(ip duanızı kabul ed)eyim. Çünkü bana ibadet/kulluk etmeye karşı kibirlenip (buna) tenezzül etmeyenler, aşağılıklar olarak cehenneme gireceklerdir."(Mü'min, 40:60)

Duanın kabulu için acele etme. Duanda ısrarcı ol. Kul, "Duam kabul edimedi," deyinceye kadar duası kabul edilir. "Vermeyecek olsaydı, istemeyi vermezdi," diyenin sözünü hatırla. Duanın kabul edilmesini biz yanlış anlıyoruz. İstediğimizin verilmesini duamızın kabulu olarak algılıyoruz. Duanın farklı kabulleri vardır. Ya istediğin verilir, ya başına gelecek bir sıkıntın giderilir ya da ahirette karşılığı verilecektir.

Sufilerden Sehl b. Abdullah şöyle demiştir, "Kabul edilmesi ihtimali en fazla olan dua sözle değil hal ile yapılan duadır." Hal ile yapılan dua, dua edenin dua ile istediği hususta mutlak olarak ihtiyaç halinde olması ve sıkıntı içinde bulunan kulun başka çaresi olmamasıdır. "Bittim Allah'ım," dediğin an, "Yettim kulum," cevabını bulacaksın.

Duaya Rabbine hamd ederek başla. Sonra Efendimize salavat oku. Sonra istediklerini arzet. Gizlice, huşu ile mahzun bir şekilde dua et. Kimden istediğinin farkında ol. Duanı yine salavat ile bitir. İki salavat arasındaki dua makbuldür. Duanın icabet saatlerini gözet. O saatlerde dua etmeye çalış. Dua ederken dilinin söylediklerini kalbin tasdik etsin. Gaflet içinde duadan sakın. Helal lokma ile beslen. Haramla beslenenin duası makbul olmaz.

Günlük duaların olsun. Sabah uyandığında, akşam yatağına uzandığında, evden çıktığında, eve vardığında, tuvalete gireceğin vakit ve çıktığında, mescide girerken ve çıkarken kısacası her işe başlarken bir duan olsun. Kendine Allah Resûlü'nü(sav) kılavuz edinmen en güzelidir. Bunları elinin altında bulundur. Bir müddet anlamını düşünerek yüzünden oku, zamanla ezberlemiş olursun. Böylece hayatını Allah ile birlikte yaşamış olursun. Allah'sız hayattan Allah'a sığın.

"De ki: 'Ey Rabbim! Bağışla, merhamet et, sen merhamet edenlerin en hayırlısısın.'"(Mü'minun, 23:118)

7-Tevekkül Ehlidir

"Sözlükte 'dayanmak, güvenmek, vekil tutmak anlamlarına gelen tevekkül, din dilinde; her hususta Allah'a güvenmek, dayanmak, teslim olmak, işlerini Allah'a havale etmek demektir."[10]

Müslüman tevekkül ehlidir. Dünya ve ahireti için elinden geleni yapar sonra Allah'a tevekkül eder. "Allah var gam yok," diye düşünür. Sıkıştığında bunaldığında sesine ses verecek, elini uzattığında elini tutacak, "Rabbim!" dediğinde, "Kulum," diye cevap verecek sahibinin olduğunu bilir. Çünkü Müslüman Rabbinin şu sözüne muhataptır:

"Allah'a güvenip dayan. Vekil olarak Allah yeter."(Ahzâb, 33:3)

Bu ayetin muhatabısın. "İşittim ve itaat ettim Allah'ım," de. Gereksiz endişelerle kendini yıpratma. Sen kulluğunu güzel yap-

10 *Dini Kavramlar Sözlüğü*, Diyanet İşleri Başkanlığı Yayınları, S.658

maya çalış. O Rablığını zaten yapıyor. Rızık endişesi, geçim kaygısı, ölüm korkusu vs hepsi tevekkül zaafındandır. Rabbimizin vaadi kesin. Fakat bizim teslimiyetimizde problem var. Kredi kartına güvendiğimiz kadar Allah'ın rezzak olduğuna güvenebiliyor muyuz?

"Kim de Allah'a saygı duyup emirlerine uyarsa, (Allah) ona (selamete) çıkacak bir imkân sağlar. Ona, tahmin etmediği yerden rızık verir... Kim de Allah'a güvenip dayanırsa, O, ona yeter. Şüphesiz ki Allah, emrini yerine getirendir... Kim Allah'ın emirlerini yerine getirirse, (Allah) ona işinde bir kolaylık verir..."(Talâk, 65:2-4)

Allah'a teslim olan kardeşim, sen üzerine düşeni yap gerisini Rabbine havale et. Teslim ol, kurtul. O seni görüyor, duyuyor, biliyor ve sana senden daha yakındır. Yeter ki O'nun istediği istikamette yürü. Kâfirlere, zalimlere ve münafıklara rahmetinden ikram eden Allah, mümin kuluna ikram ve ihsanda bulunmaz mı? Elbette bulunur. Bak bugüne kadar hak etmediğin nice nimetlerle seni nimetlendirdi. Hiç kimsenin bilmediği günahlarını bildiği halde seni insanlara rezil etmedi. Sen O'nu terkettiğin halde O seni terketmedi. O'ndan başka ilah yoktur. Yerlerin ve göklerin idaresi O'nun elindedir. Bir şeyin olmasını istediğinde, "Ol!" der oluverir. Sen O'na tevekkül et. Hayatını kolaylaştır. Bak bu çağrı hepimize:

"Allah, kendisinden başka hiçbir ilâh olmayandır. Mü'minler ancak Allah'a güvenip dayansınlar."(Teğabun, 64:13)

"İşittik ve itaat ettik," demek müminlerin şiarıdır. Biz de öyle diyoruz. Rabbimize güveniyor ve O'na dayanıyoruz. Bizim sahibimizdir. Hâlâ içinde bir tereddüt mü var? Hâlâ nasıl olacak diye içindeki ses seni rahatsız mı ediyor? Aklın bunca problemin altından nasıl kalkacağını çözemiyor mu? Sen seni yalnız mı sanıyorsun? Lütfen şu muhteşem ayeti iyice oku, anla ve teslim ol.

"Allah kuluna kâfî değil mi?"(Zümer, 39:36)

Müslümanda Olmaması Gerekenler

1-Tekebbür ve İstiğna

"Kibir, sözlükte 'büyüklük ve büyüklenme' anlamına gelir. Ahlaki bir kavram olarak, kendini büyük görme, büyüklenme, başkalarını küçük görme demektir. Kur'an'da 'tekebbür ve istikbar' kelimeleri bu anlamda kullanılmıştır. Kibirli kimselere mütekebbir, müstekbir denilir. Kibir, Kur'an'da yasaklanmış, kibirli kimseleri Allah'ın sevmediği bildirilmiştir."[11]

"Zengin olmak ve bir şeyle iktifa edip başkasına muhtaç olmamak anlamındaki 'ğına' kelimesinden türeyen 'istiğna' sözlükte, zenginlik istemek, zengin olmak ve kendini yeterli görmek demektir. İnsanın istiğnası kendini yeterli görmesi, büyüklenmesi, Allah'ın kulu ve yaratığı olduğunu unutması, bu yüzden iman ve ibadete Allah ve Peygambere itaate tenezzül etmemesidir. İnsanın azmasının sebebi de kendini müstağni görmesidir."[12]

Rabbimiz bizi terbiye ediyor. Rab, terbiye edendir. Bizim nasıl bir insan olmamız gerektiğini kitabımızda en güzel şekilde açıklıyor. Efendimiz'in[(sav)] hayatıyla önümüze güzel bir model sunuyor.

---

11 *Dini Kavramlar Sözlüğü*, Diyanet İşleri Başkanlığı Yayınları, s. 380
12 *Dini Kavramlar Sözlüğü*, Diyanet İşleri Başkanlığı Yayınları, s. 332

Bizden mütevazı olmamızı istiyor. Mütevazı olanı yükselteceğini kibirli ve müstağni olanı alçaltacağını haber veriyor.

Şimdi kendimizi kontrol edelim. Biz kibirlilerden miyiz yoksa mütevazı olanlardan mı? Giydiğimiz elbisemiz, oturduğumuz evimiz, bindiğimiz otomobilimiz, kullandığımız cep telefonumuz, taktığımız saatimiz vs bize başkalarından üstün olduğumuz havası veriyorsa hepsi helakımızı hızlandıran araçlardır. Allah'tan uzaklaştırır. Şeytana yaklaştırır. Onlar kibirlenmemize sebep oluyorlarsa onları terk edinceye kadar meleklerin bedduası üzerimizedir. Bundan uzak olmalıyız. Çünkü Efendimizin(sav) kalplere şifa olan reçetesi şöyledir:

"Kalbinde zerre miktarı kibir olan kimse cennete giremez." Denildi ki: "Bir adam elbisesinin ve ayakkabısının güzel olmasını severse?" Buyurdu ki, "Allah güzeldir ve güzelliği sever. Kibir, Hakka razı olmamak ve halka hor bakmaktır." (Ramuz el-Ehadis, 486/2)

Kibir, Allah'ın sevmediği, sahibini cehenneme götüren ciddi bir hastalıktır. Bizde varsa bu hastalık ondan kurtulmak öncelikli işimiz olmalıdır. Kanserden daha tehlikelidir. Kanser geçici dünya hayatımızı tehdit ederken kibir ebedi hayatımızı tehdit eder. Salih amellerimizi yer bitirir. Ahirette hesap görüldüğünde iflas edenlerden kılar. Onun için derhal terk edilmelidir. Bu hastalığı teşhis etmek kolay değildir. Herkes bunu söyleyemez. Ya da kibrimiz bunun söylenmesine müsade etmez. Ancak gerçek dostlar bunu usulünce söyleyebilir, fakat kibirli olan kişi bundan nefret eder. Takdir edilmekten, kullandıklarının kalite ve markasından bahsedilmesinden hoşlanır. Dikkatlerin kendi üzerinde olmasından mutlu olur.

Güzel giyinmek, geniş bir evde oturmak, sağlam bir otomobil sahibi olmak elbette kötü değildir. Ta ki bunlar kibre sebep olmasın. Başkalarını hor ve hakir görmeye sebep olmasın. Kibrin en aşağısı, sahip olduklarıyla kişinin kendinden aşağıdakileri küçümsemek, en büyüğü ise Rabbine karşı gelip nefsini ilahlaştırmasıdır. İblis'i şeytan yapan ve huzurdan kovulmasına sebep olan kibri olmuştur. Efendimiz(sav) bunu bize haber veriyor:

"Kibirden sakınınız. Hiç şüphe yok ki kibir, şeytanı Âdem'e(as) secde etmemeye sevketmiştir." (Ramuz el-Ehadis, 173/5)

Hâlbuki, insan aciz bir varlıktır. Evveli bir su parçasıdır, meniden yaratılmıştır. Sonu ise leştir. Buna rağmen nasıl da kibirlenir? Aslını unutup bu tuzağa düşer. Sahip olduğumuz her şey bize ödünç verilmiştir. Kendimiz kendimize ödünç verilmişiz. Onu istediğimiz gibi hor kullanamayız. Emanet sahibine yakışır bir şekilde kullanmalıyız. Allah'ın kulları arasında en şerli olanlarını merak ediyor musun, Efendimiz(sav) onu da bize bildirmiş:

"Allah'ın kulları arasında en şerli olanını size haber vereyim mi? O, katı kalpli ve kibirli bir kimsedir." (Ramuz el-Ehadis, 165/8)

Kibrin büyüğü Rabbimize karşı olandır. Sahibini küfre düşürür. Kibrinden dolayı iman edemeyenleri Rabbimiz yeriyor ve onları bekleyen acıklı azabı şöyle haber veriyor:

> "Ona âyetlerimiz okunduğu zaman, sanki (o) kulaklarında bir ağırlık varmış da onu hiç işitmemiş gibi büyüklük taslayıp sırt çevirir. (Resûlüm!) Ona çok acıklı bir azabı müjdele!"(Lokmân, 31:7)
>
> "(O gün Allah şöyle buyurur:) 'Hayır! Âyetlerim sana geldi de sen onları yalanladın, (iman etmedin) büyüklük tasladın ve kâfirlerden oldun.' Allah'a karşı yalan uyduranları kıyamet gününde, yüzleri kapkara bir halde görürsün. (Allah'a karşı) kibirlenenler için cehennemde yer mi yok?"(Zümer, 39:59-60)

İnsan her halinde Allah'a muhtaçtır. Sahip olduğumuzu zannettiğimiz her şey Allah'ındır. Biz de Allah'a aitiz. Kendimizi kendimize yeterli görmemizi sevmez Allah. Onun için dua etmeyen kulunu sevmez. İsteyen ve istemesinde ısrar eden kullarını sever.

Nefsinin esiri olup şeytanın tuzağına düşenlerin sonu kendini kendine yeterli görmesidir. Sahip oldukları sebebiyle şımarmasıdır. Bu hastalığa tutulan nice topluluklar helak olmuştur. Bir kısmını Rabbimiz Kur'an'da haber vermiştir. Onların ne hale geldiklerini görüp ibret almamızı istemiştir. Ne sarayları ne saltanatları kurtarabilmiştir onları. Kibriyle insanlığa ibret olanları, Rabbimiz bir sinekle helak etmiştir. Anlayana büyük bir derstir bu. Rabbimizin uyarısına kulak verelim:

> "Ama doğrusu insan, kendisini müstağnî (Allah'a karşı ihtiyaçsız) görmesiyle azar (tâğûtlaşır, rablaşır/kendini tanrılaştırır). Şüphesiz dönüş ancak Rabbinedir."(Alak, 96:6-8)

Kibrinde azgınlaşana tokat gibi bir cevap yine Rabbimizden geliyor:

> "(İnsan), hiç kimsenin kendisine güç yetiremeyeceğini mi zannediyor?"(Beled, 90:5)

2-Allah'tan Ümit Kesmek

İnsan beşerdir şaşar. Hata eder, günah işler. Rabbine nankörlük yapabilir. Hatasını fark ettiğinde tevbe eder, affını diler. Hataları bağışlayacak olan Allah'tır. O'na güvenir ve sadece O'ndan ister.

Sen de bugüne kadar Rabbinin istemediği işleri yapmış olabilirsin. Bunları kimselere söyleme. Günahına şahit tutma. "Allah'ın bildiğini kuldan niye saklayacağım," deme. Allah her şeyi bilendir. O'na hiçbir şey gizli değildir. Günahın işlenmesinden daha kötüsü onun yaygınlaştırılmasıdır. Sen ona öncülük etme. Aç ellerini hâlini Rabbine arzet. Günahlarının büyüklüğüne bakıp ümitsizlik girdabına düşme. Günahlarının altında çaresizlik içinde inlerken dön günahlarına şöyle seslen, "Benim bütün günahlarımı bağışlayacak 'Gafur ve Rahim' Rabbim var," de. Kullarına karşı çok merhametli ve şefkatli olan Rabbimizin şu muhteşem davetini hatırla:

"De ki (Allah şöyle buyuruyor): 'Ey nefislerine karşı (günah işleyip) aşırı giden kullarım! Allah'ın rahmetinden ümidinizi kesmeyin. Çünkü Allah (şirk koşan ve inkâr edenler dışında, dilediği kimseler için) bütün günahları bağışlar. Şüphesiz O, çok bağışlayıcıdır, çok merhametlidir.'"(Zümer, 39:53)

Hayat kitabımızda bütün ümitsizlik kapılarını kapatan, "Bittim Allah'ım," diyenlere, "Yettim kulum," diye müjde veren bu ayet-i kerime bütün müminler için emniyet sibobudur. İfadedeki güzelliğe bakar mısın? Bütün günahlarımıza, edepsizliklerimize rağmen, "Kullarım," diyerek bizi rahmetiyle kucaklıyor. Şeytanın ektiği ümitsizlik tohumlarını bir çırpıda silip atıyor. Böyle bir Rabbe teslim olmayan gerçekten kendine en büyük zulmü yapmıştır. Bir insanın kendine yaptığı kötülüğü bütün insanlık toplansa yine yapamaz. Kullarına karşı çok merhametli olan Allah, rahmetinden ümit kesmeyi yasaklamış. Böyle bir Allah'a kul olduğumuz için yarattıkları adedince hamdederiz.

Hz. Hamza'yı şehid edip birçok eza ve cefa yapan ve bu yaptıklarına pişman olup iman şerbetini içen Hz. Vahşi için nazil olduğu söylenir bu ayetin. İniş sebebi bu veya başka bir sebep olsa da manası geneldir. Elmalılı Hamdi Yazır Hoca tefsirinde, "Bununla beraber dikkat edilmesi gerekir ki, bu ümit, günaha teşvik için değil, en günahkar kimseleri bile bir an önce tevbe edip Allah'a yönelmeye teşvik içindir," diyerek uyarmaktadır. Onun için bu ayet-i kerime bizi günahta rehavete düşürmesin. Şeytan bizi bu ayetle aldatmasın. Allah'ın rahmetine güvendirerek günah deryasına daldırmasın. Bazı gafiller bu ve benzeri ayetlerle kendi kendilerini avutmaktadırlar. Bir mütefekkirin ifadesiyle, "İnsanın en kolay aldattığı budala kendisidir." Kendi kazdığımız kuyuya kendimiz düşüyoruz.

Yolunu şaşırmış, şeytanın tuzağına düşmüş bir kişinin hatasını fark edip tevbe etmesini Efendimiz(sav) şöyle resmediyor:

"Herhangi birinizin tevbe etmesinden dolayı Allah'ın duyduğu hoşnutluk, ıssız çölde giderken üzerindeki yiyecek ve içeceğiyle birlikte devesini elinden kaçıran, arayıp taramaları sonuç vermeyince deveyi bulma ümidini büsbütün kaybederek bir ağacın gölgesine uzanıp yatan, derken yanına devesinin geldiğini gören adamın sevincinden daha büyüktür." (Müslim, Tevbe, 7)

İyilikler Rabbimizin ikramıdır. Kötülükler nefsimizdendir. Rabbimiz öyle cömert ki bütün nankörlüğümüze rağmen ne rızkımızı kesiyor ne de hayatımıza son veriyor. Sayamayacağımız kadar nimetlerle bizleri nimetlendirmiş. Bunca nimeti verene şükretmemiz gerekirken biz nankörlük yapıyoruz. Günahlara dalarak asi oluyoruz. Başımıza gelen musibetler kendi ellerimizle işlediklerimiz yüzündendir. Fakat bunun bile farkında değiliz. Bizi bizden daha iyi bilen Rabbimiz halimizi bize tarif ediyor:

> "İnsanlara bir rahmet (iyilik, bolluk) tattırdığımız zaman, sevinip şımarırlar. Kendi işledikleri (günahlar) yüzünden kendilerine bir kötülük erişince de (Allah'ı unutup) umutsuzluğa düşerler."(Rûm, 30:36)

Peki biz nimetlerle şımaranlardan mıyız yoksa şükredenlerden mi? Kendi notumuzu kendimiz verelim. Gençliğimiz, güzelliğimiz, sahip olduğumuz imkânlar, ailemiz ve çevremiz bizi Rabbimizden uzaklaştırmamalı. Bunlar geçici, bâki olan Rabbimiz. Biz O'ndan geldik yine O'na döneceğiz. Rabbinle aran iyi olursa dünya da senin ahirette. Bütün iş O'na güzel kul olabilmekte. Hayatın anlamı budur.

Günahları sebebiyle Rabbiyle arası açılanlar hiç ölmeyecekmiş gibi bir hayat yaşarlar. Yaşamlarına Rabbini karıştırmazlar. Ölümden korkarlar ve kaçarlar. Kaçtıkları şey bir gün onları kıskıvrak yakalar. Fakat o gün iş işten geçmiştir. Can boğaza gelince pişmanlık fayda vermez. Tevbe fırsatı elinden kaçmıştır. Keşkeler derdine derman olmaz. Rabbimiz bunları bize haber verdi. Binlerce peygamberi hep bu hakikati haykırdı.

"Ölüm var, hesap var. Sonunda cennet ve cehennem var. Şimdiden yerini hazırla. Tercihini yap." Hepsinin ortak seslendirdikleri hakikat buydu. Fakat inkâr edenler kulak asmadı. Onları bekleyen gelecek ise:

"Allah'ın âyetlerini ve O'na kavuşmayı (ve aynen dirilip hesabın görüleceğini) inkâr edenlere gelince; işte onlar, benim rahmetimden ümit kesmişlerdir. Üstelik onlar için acıklı bir azap vardır."(Ankebût, 29:23)

Aciz olan insanın ruh halini en güzel resmeden ayet-i kerimelerden biriyle bu faslı bitirelim:

"İnsan (Allah'tan) hayır (mal-mülk vs.) istemekten usanmaz (her şeyinin olmasını ister). Ancak kendisine bir kötülük (bir sıkıntı) dokunursa, hemen karamsar olur, (Allah'ın rahmetinden) ümidi keser."(Fussilet, 41:49)

3-Allah'ı İstismar Etmek

İnsan, Allah'ın en güzel ayetlerinden biridir. Kitaptaki ayetlerle bütünleşince meleklerden daha üstün bir mertebeye yükselir. Şeytanın adımlarını izleyince aşağıların aşağısına yuvarlanır. Bu haldeyken yapamayacağı kötülük kalmaz. Üç kuruşluk dünya hayatı için ebedi hayatını mahveder.

Çevrene baktığında bunlardan görebilirsin. Allah adına yalan söyleyenler, Allah'ın adını kullanarak insanları sömürenler, Allah'ı kendi menfaati için istismar edenler, say saya bildiğin kadar. Bu ne kötü bir hâldir. Belki de insanın kendine yapabileceği en büyük zulümdür Allah'ı istismar etmek.

Allah'ı istismar etmek münafıklıktan bir şubedir. Asr-ı saadette insanlar inanmadığı halde inanıyormuş gibi yaparak Allah'ı istismar ederken, bugün ise kimi siyaset için, kimi ticaret için, kimi kurumu için, Allah'ı istismar etmeye çalışıyor. Zavallı insan ne kadar da gafildir, aldattığı ancak kendisidir. "Gözlerin hain bakışını ve kalplerde gizli olanı en iyi bilen" Allah'ın aciz bir kulu olduğunu ne de çabuk unutuveriyor. Kalpleri elinde bulunduran Allah'tır. Bizim yaptıklarımızı ve yapacaklarımızı en iyi bilendir. Ayrıca yaptıklarımızı meleklerine kaydettirendir. Ahirette hesap günü geldiğinde amel defterimiz bütün yaptıklarımızı ortaya çıkaracak. Şahitlerimiz ise kendi nefsimizden olacak. En çok okuduğumuz fakat anlamaya çalışmadığımız Yasin Suresi'nin 65. ayetinde bunu bize haber verdi Rabbimiz:

"O gün onların ağızlarını (kapatır) mühürleriz; yaptıkları şeyleri elleri bize söyler, ayakları da şâhitlik eder."

Geçici dünya menfaati için ebedi ahiret menfaatini kaybetmek ne kötü bir ticarettir. Ticarette malını satarken müşteriyi ikna etmek adına yapılan yeminlerden tutun da ahiretteki cennet arsalarını parselleyen din tüccarlarına kadar, Allah'tan gelen hidayet ve nuru kendi tekellerine alanlara kadar niceleri vardır bu yolda. Allah cümlesinin şerrinden seni ve bütün müminleri korusun. Ve bizi bu istismarcılardan olmaktan uzak eylesin. Farkında olmayarak böyle bir hata içine düştüysek bizleri affetsin. Amin.

Rabbimizin hayat bahşeden uyarısını kulağımıza küpe yapalım:

"Onlar yeminlerini (ve sözde imanlarını, canlarına ve mallarına) bir kalkan edinip (insanları) Allah'ın yolundan (çeşitli planlarla) alıkoyarlar. Doğrusu yapmakta oldukları (ikiyüzlüce) şeyler ne kötüdür!"(Münâfikûn, 63:2)

4-Dinde Aşırı Gitmek

Biz vasat (orta) ümmetiz. İfrat ve tefritten uzak bir yaşamla mükellefiz. İbadetlerimizde dengeli olmalıyız. Her türlü aşırılıktan sakınmalıyız. Her konuda olduğu gibi bu konuda da en güzel örneğimiz Efendimizdir(sav). Onun yolunu izlemek bizi cennet yolcusu yapacaktır. İbadetlerimizi, ahlakımızı ve insanlarla olan muamelemizi O'na benzetmeye çalışmalıyız.

İslam'da ruhbanlık yoktur. İnsanlardan uzaklaşıp bir mabede çekilip gece gündüz ibadetle meşgul olmak tasvip edilmemiştir. İnsanların içindeyken Rabbinle beraber olman en güzel yoldur. Gönlümüz yârda elimiz kârda olmalıdır. Hayatın içinde Rabbimizi unutmadan yaşamaya çalışmalıyız. Dinin helalleri haramları belli. Onlara gücümüzün yettiğince uymaya çalışmalıyız.

Anlayamadıklarımızı ilmiyle amil olan yani öğrendiklerini yaşamaya çalışan âlimlere sorarız. Sorularımız öğrenmek maksadıyla olmalıdır. Öğrendiklerimizi yaşamaya gayret etmeliyiz. Gereksiz ve yersiz sorudan sakınmalıyız. Sahabe efendilerimiz Allah Resûlü'ne(sav) bazen böyle sorular sorunca Rabbimiz uyardı:

> "Ey iman edenler! Açıklanınca hoşlanmayacağınız şeyleri (fazla) sormayın. Eğer Kur'an indirilirken onları sorarsanız size (gizledikleriniz veya yapmaya güç yetiremedikleriniz) açıklanır (da üzülürsünüz). Demek ki Allah, onları bağışlamıştır. Allah çok bağışlayıcıdır, cezada da aceleci değildir. (Ey mü'minler!) Sizden önceki bir kavim onları sormuştu da sonra (gelen emirleri terkedip) bu sebeple kâfir olmuştu."(Mâide, 5:101,102)

Sahabe efendilerimiz İslam'ı öğrenmede çok gayretliydiler. Her şeyi Allah Resûlü'ne(sav) soruyorlardı. Bazen aşırı gittikleri de oldu. Bir gün birisi babasının kim olduğu hakkında söylentiler olduğu için onu sordu. Diğeri babasının ahiretteki yerini sordu. Efendimiz(sav) çok kızdı ve hepsine cevap vereceğim diyerek bir

bir açıkladı. Efendimizin bu hâlini görenler ağladılar. Hâllerine üzüldüler. Ortamı Hz. Ömer şöyle diyerek yatıştırdı:

"Biz Rab olarak Allah'a, din olarak İslam'a, nebi ve resül olarak Muhammed'e(as) razı olduk. Biz fitnelerden Allah'a sığınırız. Henüz cahillikten ve fitneden yeni kurtulduk. Bizi affet ey Allah'ın Resûlü."

Yukarıdaki ayet-i kerimenin bunun üzerine nazil olduğu bildirilir. Sahabe efendilerimizin şahsında bu haberde bize de ciddi bir ders verilmektedir. Lüzumsuz, gereksiz ve laf olsun tarzında sorular sormamamız gerektiğini öğreniyoruz. Sen de kendine bunu prensip edin. Yapamayacağın ve gerekli olmayan sorularla kendini meşgul etme.

Efendimizin(sav) engel olmak istediği şey, dinde haddi aşma ve İslam'ın câiz görmediği bir nevi ruhbanlığa yönelmedir. Oysa Rabbimiz şöyle buyuruyor:

> "Ey iman edenler! Allah'ın size helâl kıldığı güzel ve temiz şeyleri kendinize haram etmeyin, sınırı aşmayın. Çünkü Allah sınırı aşanları sevmez."(Mâide, 5:87)

Bu ayetin iniş sebebini hatırlamamız bu konuyu daha iyi anlayıp kavramamıza yardımcı olacaktır. Peygamberimiz bir gün sahabeye kıyametten bahsetmişti. Sahabe çok duygulanmış ve ağlamışlardı. Sonra aralarında on kişi Osman İbn Maz'un'un evinde toplandılar. Onların içinde Ebu Bekir ve Ali ibni Ebu Tâlib de vardı. Yaptıkları istişare neticesinde, bundan böyle dünyadan el etek çekmeye, kendilerini hadım ettirmek suretiyle erkeklik duygularından kesilmeye, gündüzleri oruçlu, geceleri de yatakta yatmaksızın uyanık ve ibadetle geçirmeye, et ve et ürünleri yememeye, kadınlara yakın olmamaya, güzel koku sürmemeye, yeryüzünde gezip dolaşmamaya karar verdiler. Bu haber Peygamber Efendimiz'e ulaşınca, kalkıp Osman ibni Maz'ûn'un evine geldi, fakat kendisini evde bulamadı. Hanımına, Osman ve arkadaşlarının kendisine gelmeleri için haber bıraktı. Sonra onlar da Peygamber Efendimiz(sav)'in yanına geldiler. Efendimiz(sav), karar aldıkları hususları kendilerine sayarak:

"Bu konularda ittifak etmişsiniz öyle mi?" dedi. Onlar:

"Evet ya Rasûlallah! Bizim bunlarda hayırdan başka bir gayemiz, arzu ve isteğimiz yoktur," dediler. Bunun üzerine Efendimiz(sav):

"Şüphesiz ki ben bunlarla emrolunmuş değilim. Elbette sizin üzerinizde nefislerinizin hakkı vardır. Bazen oruç tutun, bazen tutmayın. Gece hem ibadet edin hem uyuyun. Ben hem ibadet ederim hem de uyurum. Oruç tuttuğum günler de olur, tutmadığım günler de. Et ve et ürünlerini yediğim gibi hanımlarımla da beraber olurum. Kim benim sünnetimden yüz çevirirse benden değildir." Sonra sahabeyi toplayıp onlara bir konuşma yaptı ve şunları söyledi:

"Birtakım kimselere ne oluyor ki, hanımlarla evlenmeyi, yeme içmeyi, güzel koku sürmeyi, uyumayı ve meşrû sayılan dünya zevklerini kendilerine haram kılıyorlar. Şüphesiz ki ben size keşiş ve ruhban olmanızı emretmiyorum. Benim dinimde et yemeyi terketmek, kadınlardan uzaklaşmak bulunmadığı gibi, dünyadan el etek çekip manastırlara sığınmak da yoktur. Ümmetimin seyahatı oruç, ruhbanlıkları ise cihaddır. Allah'a ibadet ediniz, O'na hiçbir şeyi ortak koşmayınız, hac ve umre yapınız, namazlarınızı kılınız, zekâtınızı veriniz, ramazan orucunu tutunuz. Dosdoğru olunuz ki, başkaları da öyle olsun. Sizden önceki ümmetler, aşırılıkları yüzünden helâk oldular. Dini kendilerine zorlaştırdılar, Allah da onlara zorlaştırdı. Bugün kilise ve manastırlarda bulunanlar, onların artıklarıdır." (Ali el-Kârî, el-Mirkat, I, 182-183).

Konuyla alakalı bir başka örnekle bu mesleyi iyice anlamaya çalışalım. Bazen kaş yapalım derken göz çıkarabiliyoruz. Özellikle gençlik döneminde insan ya şeytanın tuzağına düşüyor ya da ibadet ve taatte aşırı giderek ölçüyü kaçırıyor. Müslüman ölçülü olacak. Dünya ve ahiret dengesini iyi kuracak. Rabbimizin rızası bundadır. Nebevi ölçüyü en güzel şekilde anlatan örnek:

Enes ibni Mâlik(ra) şöyle dedi:

"Peygamber Efendimizin nâfile ibadetlerini öğrenmek üzere, sahabeden üç kişilik bir grup, Peygamber hanımlarının evlerine geldiler. Kendilerine Efendimizin(sav) ibadetleri bildirilince, onlar bunu azımsadılar ve, "Allah'ın Resûlü nerede biz neredeyiz? Onun geçmişteki ve gelecekteki günahları bağışlanmıştır," dediler. İçlerinden biri, "Ben ömrümün sonuna kadar, bütün gece uyumaksızın namaz kılacağım," dedi. Bir diğeri, "Ben de hayatım boyunca gündüzleri oruç tutacağım ve oruçsuz gün geçirmeyeceğim," dedi. Üçüncü sahabi de, "Ben de sağ olduğum sürece kadınlardan uzak kalacak, asla evlenmeyeceğim," diye söz verdi. Bir müddet sonra Peygamberimiz onların yanına geldi ve kendilerine şunları söyledi:

"Şöyle şöyle diyen sizler misiniz? Sizi uyarıyorum! Allah'a yemin ederim ki, ben sizin Allah'tan en çok korkanınız ve O'na en saygılı olanınızım. Fakat ben bazen oruç tutuyor, bazen tutmuyorum. Gece hem namaz kılıyor hem de uyuyorum. Kadınlarla da evleniyorum. Benim sünnetimden yüz çeviren kimse benden değildir." (Buhârî, Nikâh, 1)

Buradan çıkaracağın dersi umarım anlamışsındır. Ölçü Allah Resûlü'nün(sav) hayatıdır. Ona uymakla mükellefiz. Onun mirasına sahip çıkmalıyız. Onun ne önünde ne de gerisinde olmalıyız. O içimizden biriydi. Melek bir peygamber değil bizim gibi bir beşerdi. Ama Rabbinden vahiyle destekleniyordu. Onun yolunu izlemek ibadettir.

Dinde aşırılığın sonu sapkın fikirlere saplanmak ve İslam'ı terörize etmektir. İslam'ın geneline vâkıf olmadan bir kaç ayet ve hadisten yola çıkarak Müslüman kardeşini küfürle itham edip öldürmeye kadar varan bir sapıklık ortaya çıkıyor. Tekbir getirerek Müslüman kardeşini öldürmeyi cihat zannediyor. Günümüzde bunun çok örneğini görüyoruz. İslam düşmanlarının organize ettiği ve perde ardından desteklediği bu sapkınlıklardan uzak durmalısın.

Sözlerimizi Rabbimizin uyarısıyla taçlandıralım:

"Ey iman edenler! Allah'ın size helal kıldığı temiz (yiyecek ve giyecek) şeyleri (kendinize) haram edip yasaklamayın ve sınırı da aşmayın. Çünkü Allah, sınırı aşanları sevmez."(Mâide, 5:87)

5-Allah'a Nankörlük Etmek

İnsan çok enteresan bir varlık. Aceleci, unutkan, uzun emel sahibi, karamsar ve nankör. Bütün zıtları nefsinde barındırıyor. Rabbine kulak verip teslim olunca meleklerden üstün olurken, nefsine uyup şeytana kulak verince aşağıların aşağısına yuvarlanıveriyor. Bir iyilik gördüğünde sevinir, bunu hiç unutmayacağını söyler. Fakat bir müddet sonra unutuverir bunu, nankörlük ediverir.

Hâlbuki kulağımıza küpe olacak hayatımıza yön veren çok güzel atasözlerimiz vardır. Mesela, "Bir fincan kahvenin kırk yıl hatırı var." Ufacık bir iyilik gördüğümüzde iyilik sahibine nasıl teşekkür edeceğimizi şaşırırız. Hiç düşündük mü, her şeyimizi kendisine borçlu olduğumuz Rabbimize karşı, gereğince şükredebiliyor muyuz? Yoksa sahip olduklarımızı vermek zorundaymış gibi düşünerek gaflet denizinde mi yüzüyoruz? Kalplerde olanı en iyi bilen Rabbimiz bizim hâlimizi şöyle anlatıyor:

"İnsana bir sıkıntı dokunduğu zaman, gerek yan yatarken gerek otururken gerek ayakta iken (her hâlinde) bize yalvarır. Fakat kendisinden sıkıntısını açıp kaldırıverince, sanki kendisine dokunan o sıkıntı için bize dua etmemiş gibi (şükür ve itaati bırakıp) gider (yine günahlara dalar). İşte ölçüsüz davranan (ve haddi aşan)lara yapmakta oldukları şeyler, böyle süslü (cazip) gelmiştir."(Yûnus, 10:12)

Haydi gel, bir nefis muhasebesi yapalım, bizim hâlimiz tam da bu ayet-i kerimede anlatıldığı gibi değil mi? Rabbimizin bize sunduğu bunca nimete ne kadar şükrediyoruz? Sağlığımıza, ömrümüze ve sahip olduklarımıza... Sayabilir miyiz bize verdiklerini? Gücümüz yeter mi buna? Dağlar kalem olsa, denizler mürekkep yine yetmez bunları yazmaya. Bir yerimiz ağrısa yana yakıla dua ederiz. Ağrımız geçince şükredecekken unutuveririz. Şimdi sen şükredenlerden misin yoksa nankörlük edenlerden mi? Yerini belirle. Şükredenlerden isen bunun için de şükret. Nankörlük edenlerden isen hemen haline tevbe et. Yolunu düzelt. Rabbinden özür dile. Bizi bizden iyi bilen Rabbimiz bak hâlimizi ne güzel anlatıyor:

"Andolsun ki başına gelen bir felaket, bir sıkıntıdan sonra, ona tarafımızdan bir rahmet (ve refah) tattırırsak: 'Mutlaka bu benim hakkımdır. (Ben) kıyametin kopacağını (filan) da sanmıyorum. Andolsun ki eğer (o müslümanların dediği gibi kopsa da) Rabbime döndürülsem bile, hiç şüphesiz benim için O'nun yanında elbet daha güzeli vardır,' der. Fakat Andolsun ki inkâr edenlere yaptıklarını kesinlikle haber vereceğiz ve mutlaka, onlara en ağır azabı tattıracağız. İnsana nimet verdiğimiz zaman, (buna rağmen şükürden, ibadet ve itaatten) yüz çevirir, büyüklük taslayıp uzaklaşırlar. Kendisine bir şer dokunduğu zaman da artık o, uzun uzun yakarır durur."(Fussilet, 41:50-51)

Allahım bizi affet. Bizi şımaranlardan eyleme. Bizden önce nimetlerle şımarıp helak olanlardan bizi uzak eyle. Gafletimizden dolayı özür dileriz Senden. Amin.

"En büyük günah nedir?" diye sorulsa, "Allah'ı unutmaktır," deriz. Çünkü Allah'ı unutunca insan Allah yokmuş gibi yaşar. Haram helal tanımaz. Şeytanın fısıldadığı gibi nefsinin istediği gibi yaşar. Allah'ı unutan şeytana yakın olur. Kılavuzu şeytan olanın varacağı yer ise ateştir.

Sen sakın Allah'ı unutma. Yaptığın her işte, "Rabbim bundan razı mı?" diye düşün ve ona göre karar ver. Allah'ı unutmamak için zikir ehli olmalısın. Allah'ı anmalı, anlamalı ve anlatmalısın. Sen Allah'ı unutursan Allah da seni unutur. Seni senle başbaşa bırakıverir. İşte o zaman karanlıklar içinde boğulur kalırsın. Rabbimiz hatırlatıyor:

"Allah'ı unuttuklarından dolayı, (Allah'ın da) kendilerini kendilerine unutturduğu kimseler gibi olmayın. Onlar, yoldan çıkan kimselerdir."(Haşr, 59:19)

Biz yoldan çıkanlardan değil dosdoğru yolda yürüyenlerden olacağız. Peygamberlerin, sıddıkların, şehidlerin ve salihlerin yolunda. Onlar ne güzel arkadaş ve yol kılavuzudurlar. Onların yolunun sonu cennettir. Ey aklını kullanan ve cenneti arzulayan, sen gaflet perdesini yırt cennet yoluna revan ol. Ve şu ilahi hitabı hiç unutma:

"Ey insan! Bol kerem sahibi Rabbine karşı, seni aldat(ıp günaha daldır)an nedir?"(İnfitâr, 82:6)

Düşmanlarına Dikkat Et!

Müslüman, sınırda nöbet bekleyen asker gibi olacak. Dünya imtihanını başarıyla vermek için düşmanlarına dikkat edecek. Rabbiminin rızasını gözetecek. Yoksa pusuda bekleyenler ayağını kaydırmak için harekete geçerler. Bir de bakar ki aşağıların aşağısına yuvarlanıvermiştir. Bu yolda nicelerinin ayağı kaydı. Yolunu şaşırdı. Şeytanın tuzağına düştü. Nefsin esiri oldu. Dün karşı durduklarının yanında yer aldı. Kınadıklarını yapar hâle geldi. Bu bölümde sana düşmanlarını tanıtacağım. Onlara karşı uyanık olman için yardımcı olacağım. Ben sözü nefsime söyleyeyim. Sen nefsinle dinle. İnşallah Rabbimizin rızasını kazananlardan oluruz.

Yol kılavuzumuz, Efendimiz(sav) bir mübarek hadis-i şeriflerinde şöyle buyurmuş:

"Mümin beş türlü şiddet arasındadır. Müslüman kardeşi onu çekemez, münafık ona buğz eder, sevmez onu, kâfir onun canına kasteder, kendi nefsi onunla uğraşır ve şeytan onu şaşırtmaya uğraşır." (Ramuz el-Ehadis, 231/11)

Demek ki bizim öncelikli dikkat etmemiz gereken beş düşmanımız varmış. Onları tanır, hilelerini bilirsek korunmamız kolay olur. İstersen bunları birer birer tanıyalım.

1-Hasedci Müslüman

Birincisi, haset eden, senin güzelliklerini çekemeyen ve elindekilerin yok olmasından memnun olan Müslümandır senin düşmanın. "Hem Müslüman hem haset ediyor, bu nasıl iş?" diye şaşırdın değil mi? Evet bu haberi veren, sözü en doğru söyleyen Allah Resûlü(sav). Şaşırma, her Müslüman kâmil bir mümin değildir. Henüz işin başında olabilir. Nefsin ve şeytanın tuzağına düşmüş olabilir. O da emekleme dönemini yaşıyor olabilir. İmanı kemâle erince o da arınacaktır Allah'ın izniyle. Yaptıklarına pişman olacaktır. Fakat bu haldeyken ondan kendini korumalısın.

İstersen önce kendimizden başlayalım. Kendimizi yoklayalım, bakalım bizde bu hastalık var mı diye. Varsa önce bundan kurtulmanın çaresini arayalım. Kendimizi bu manevi hastalıklardan temizleyelim. Peki, haset nedir?

"Haset, dilimizde 'çekememezlik' anlamına gelir. Bir ahlak terimi olarak ise kişinin başkalarının sahip bulunduğu maddi ve manevi imkânlarının elinden çıkmasını veya o imkânların kendisine geçmesini istemesi anlamına gelir.

Bir tür ruhi hastalık olan haset duygusu, insan tabiatındaki bencillik eğiliminden, dolayısıyla başkalarının kendisinden üstün durumda olmasına tahammül edememesinden kaynaklanır."[13]

Manevi hastalıklardan biridir haset. Sahibini rahatsız eder. Bunalıma sokar. Tedavi edilmesi veya kontrol altına alınması mümkündür. Öncelikle Efendimizin(sav) bu konudaki uyarılarına bir bakalım:

"Bir kulun kalbinde iman ile haset bir arada bulunmaz." (Nesai, Cihad, 8)

"Ateşin odunu yakıp bitirmesi gibi haset de iyilikleri yok eder." (İbn Mace, Zühd, 22)

13 *Dini Kavramlar Sözlüğü*, Diyanet İşleri Başkanlığı Yayınları, s. 235

Demek ki Müslümanda bulunmaması gereken önemli bir hastalıkmış haset. Sahibinin iyiliklerini yiyip bitiren, ahirette ise yüzü kara edecek, eli boş bırakacak ve sahibini ateşe düşürecek bir hastalık. Öyleyse bu hastalıktan arınmak lazım.

Bu hastalıktan arınmanın en kolay yolu haset ettiğin şeyi haset ettiğin kişi için istemektir. Diyelim ki kardeşinin oturduğu evi veya kullandığı aracı ya da işini haset ediyorsun. Onun daha güzel bir ev sahibi olması, daha güzel bir araca sahip olması ve işinde daha başarılı olması için dua etmektir. Bunu yapan Allah'ın izniyle kurtulur.

Ayrıca hasedin imanı kemiren, sevaplı işlerimizin sevabını bitiren ve bizi ateşe yaklaştıran kötü bir hastalık olduğunu düşünerek, kurtulmak için Rabbimize dua etmeliyiz. Hasetçiden korunmak için de Rabbimize sığınmalıyız. Onu da bizden Rabbimiz istiyor:

> "Hased et(meye başla)dığı zaman hasetçinin şerrinden, tan-yerini ağartan Rabbe sığınırım."(Felâk, 113:1-5)

Herkesin bildiği ve korunmak için nice yanlış yollara başvurduğu nazar da hasedin neticesinde meydana geliyor olsa gerek. "Deveyi kazana, insanı mezara götüren" bir musibettir nazar. Nazardan ve hasetten her şeyin yaratıcısı olan Rabbimize sığınmak en güzelidir. Felâk ve Nâs surelerindeki cümlelerle Rabbimize sığınırız.

Hasetçiyi memnun etmek neredeyse imkânsızdır. Hasetçi haset ettiği şeyi elde etmekle memnun olmaz. Ancak haset ettiği şey senin elinden giderse memnun olur. Allah, şerrinden bütün müminleri ve bizi korusun.

2-Münafık

Düşmanlarından ikincisi münafıklardır. Sinsi ve haindirler. Kimdir bunlar? Öncelikle kısa bir bilgi verelim.

"Münafık, kaybolmak, eksilmek, geçmek ve tükenmek anlamındaki 'n-f-k' kökünden türemiştir. Dinî terim olarak, kalbi ile inanmadığı halde inkârını saklayıp dili ile inandığını söyleyerek mümin görünen kimseye denir."[14]

Bir Müslüman için her dönemde en tehlike düşmanlardandır. İnsanların en güzeli olan Efendimize(sav) yaptıklarını biliyoruz. Her türlü hile ve tuzağı kurmuşlar, en zor zamanlarında yalnız bırakmışlar ve düşmanlarıyla iş birliği yapmaktan çekinmemişlerdir. Sıkıştıklarında ise biz sizinle birlikteyiz diyerek yalan söylemişlerdir. Dün vardı, bugün de var ve yarın da olacak. Sen bu düşmanını iyi tanı. Ona karşı tedbirli ol. Sırrını emanet etme. Çünkü o sana buğz edenlerdendir. Asla seni sevmez. Seviyormuş gibi yapar. Rabbimiz onların vasıflarını kitabımızda en güzel şekilde açıkladı.

Kur'an'daki ayetler ışığında münafıkları resmedecek olursak, ölümden çok korkarlar. Zevk ve safa içinde ömür geçirirler.(Tevbe, 9:69) Haysiyetli bir hayat yaşamaya güç yetiremediklerinden, içinde bulundukları durumu en iyi durum kabul ederler, dünya hayatı biricik gayeleridir, bu yüzden hiç cihada çıkmak istemezler.(Tevbe, 9:81-86) Sabah yatağı, akşam evi, gündüz de iş-güç veya eğlencelerini bırakıp namaza kalkmak kendilerine öyle zor gelir ki! Ama, kâfir olduklarını göstermemek ve mümin olduklarına güya müminleri inandırmak için yine de namaz kılmazlık etmezler; bu bakımdan namazları da gösteriş içindir.(Nisâ, 4:142; Tevbe, 9:54) Sadaka vermekten, hele hele müminlere bağışta bulunmaktan hiç hoşlanmazlar. İnen her Kur'an ayeti kinlerini artırır, pisliklerine pislik katar, kalplerini daha da katılaştırır.(Tevbe, 9:125-126)

Yırlardır ülkemizde Müslümanlara sıkıntı veren, Müslümanların sıkıntı çekmelerinden mutlu olan ve her türlü entrika ile Müslümanları meşgul eden onlar olmuştur. Bugün onları tanımak daha güç hâle gelmiştir. Senden daha Müslüman görünürler fakat

---

14 *Dini Kavramlar Sözlüğü*, Diyanet İşleri Başkanlığı Yayınları, s. 495

kurdukları teşkilatlarıyla senin aleyhinde çalışırlar. Elde ettikleri maddi, siyasi ve basındaki güçleriyle yıllardır Müslümanların enselerinde boza pişirmişlerdir. Kurdukları gizli teşkilatlarla ülkemizin imkânlarını başkalarına peşkeş çekmişlerdir. Müslümanlara, kendi yurtlarında garip muamelesi yapmışlardır. Mertçe kimliklerini söylemedikleri için nice gafil Müslüman, onları kendilerinden sanmış peşlerinden gitmiştir. Yıllarca siyasette Müslümanları aldatmışlardır. Allah şerlerinden bütün müminleri korusun.

Bu münafıklar seninle birlikte aynı sivil toplum kuruluşunda bulunabilir. Vakfınıza, derneğinize ve partinize üye olabilir. Güçlüyseniz sizin cemiyetinizden faydalanmak için destekte bulunabilir. Fakat en ufak bir sıkıntıda sizi ilk terk edecek olan onlardır. Yıllardır Müslümanlara en büyük zararı bunlar vermiştir. Müslümanların birlikte güçlü teşkilatlar kuramamalarında ciddi görevler almışlardır. Aralarının açılması, güçlerinin zayıflaması ve söz sahibi olamamaları için her türlü hileye başvurmuşlar ve başarmışlardır. Bu, onların çok güçlü olduğu için değil Müslümanların basiretsizliğinden, istişaresizliğinden, Kur'anî terbiyeden ve Nebevî ahlaktan yeterince beslenemeyişlerindendir. Kısacası onları yeterince tanıyamayışındandır.

Münafıklar, müminleri bırakıp kâfirleri dost edinirler. Allah'ı aldatmaya çalışırlar, namaza tembel tembel kalkarlar, Allah'ı pek az zikrederler, ne müminlerden yana ne de kâfirlerden yana olurlar, ikisi arasında bocalayıp dururlar.(Nisâ, 4:139-142)

Kötülüğü emreder, iyiliğe engel olurlar, elleri de sıkıdır.(Tevbe, 9:67) Yalancıdırlar, yeminlerini kalkan edinirler, insanları Allah yolundan alıkoyarlar, gösterişçidirler, süslü konuşurlar, her gürültüyü kendi aleyhlerine zannederler.(Münâfikûn, 63:1-4)

Efendimiz(sav), onları bize tarif ederken, konuştuklarında yalan söylediklerini, verdikleri sözde durmadıklarını, emanete ihanet ettiklerini ve düşmanlıkta aşırıya gittiklerini bildirmiştir. (Müslim, İman, 107; Buhari, İman, 24)

Yine Rabbimizin şu tasvirine bakar mısın? Onları ne de güzel tasvir ediyor.

"Onları gördüğün zaman, cisimleri (kalıp ve kıyafetleri) hoşuna gider. Eğer (dünyalık söz) söylerlerse, sözlerini dinler (yaldızlı vaadlere kanar)sın. (Ama) sanki onlar (elbise giydirilip) yaslanan keresteler gibidir. Her (İslâm'a ait bir toplantı ve) seslenişi, (korkularından) kendi aleyhlerinde sanırlar, (İslâm'a ve müslümanlara) asıl düşman onlardır. Onlardan sakın(ın). Allah kahretsin onları! Nasıl da (hakikatten aldatılıp) döndürülüyorlar."(Münâfikûn, 63:4)

Bu ayetler ışığında sen de düşmanını tanımaya çalış. Her yaldızlı söze kanma. Dostunu düşmanını Rabbinin ölçüleriyle ölç, biç ve tart. Münafıklardan uzak dur. Müminlere yakın ol. Malın, canın ve sevdiklerin güvende olsun.

3-Kâfir

Düşmanlarından üçüncüsü ise kâfirdir. Senin canına kasdeder. Senin varlığından memnun değildir. Onların dinine girmedikçe asla senden memnun olmazlar. Yüzüne gülseler bile inanma. Senin ebedi düşmanındır.

Peki, kâfir kime denir? Şimdi onu açıklayalım. "Kâfir, bir şeyi örtmek, perdelemek, gizlemek, uzak durmak ve nimete nankörlük etmek anlamlarındaki 'k-f-r' kökünden türetilmiş bir kelimedir. Bir şeyi örten, gizleyen ve nimete nankörlük eden demektir. Bu kelimenin asıl anlamı bir şeyi örtmek ve gizlemektir. Dinî bir terim olarak ise, Hz. Peygamber'i ve O'nun Allah'tan getirdiği kesinlikle sabit olan şeyleri yalanlayan, tevatür (güvenilir ve kesin bir şekilde) yoluyla bize ulaşmış bulunan hükümlerden birini ya da birkaçını inkâr eden kişiye kâfir, bu eyleme ise küfür denir."[15]

Allah'ın nimetlerini örten, görmezlikten gelenler kendilerinde olana güvenirler. Zenginlikleri onları şımartır. Nimet sahibini unuturlar. Nankörlük yaparlar. Elde ettiklerini kendinden bilirler. Şımarırlar. Şımarmaları nefislerine olan aşırı güvenlerindendir.

Rabbimizin sayılamayacak kadar çok nimetine nankörlük yapanlar, Rabbimizden bize gelen vahye de kör ve sağır kesilirler. Allah'ın emir ve yasaklarını inkâr ederler. Onlarla alay ederler. Nefislerinin kölesi olurlar. Varlık içerisinde kendilerini kaybederler, Rablerinin gazabını beklerler.

Rabbine nankör olan, Rabbine kul olanı sevmez. Ondan rahatsız olur. Onun varlığını ortadan kaldırmak ister, kaldıramıyorsa kendine kul ve köle etmek için elinden geleni ardına koymaz. Kâfirler kendi aralarında birbirlerine çok düşkündür. Birbirine dost ve yardımcıdırlar. Tek bir millet gibidirler. Rabbimiz bunu şöyle haber veriyor:

> "İnkâr edenler de birbirlerinin velîleri (dost ve yardımcıları) dır."(Enfâl, 8:73)

Bu Rabbanî mesajı anlamak için Avrupa'ya bakmamız yeterlidir. Daha dün denecek kadar yakın zamanda birbirlerinin canına kasdedenler şimdi birliklerini kurdular. Sınırlarını kaldırdılar, paralarını birleştirdiler. Ekonomik olarak zayıf olanları kalkındırmak için her türlü desteği sağlamaktadırlar. ABD bunun diğer misalidir. Elli eyalet bir fedaral bölgeden oluşmaktadır. Her eyalet onlarca etnik yapıdan meydana gelmektedir. Ama hepsi ABD'yi oluşturmuştur. Dünyanın süper gücü haline gelmiştir. Küfür milleti birleşirirken biz paramparça olmuşuz. Bugün bir gayrimüslimin burnu kanasa dünyayı ayağa kaldırıyorlar. Ama

15 *Dini Kavramlar Sözlüğü*, Diyanet İşleri Başkanlığı Yayınları, s. 357

binlerce Müslüman öldürülse kınamaya bile tenezzül etmiyorlar. Onun için dostunu düşmanını iyi tanımalısın.

Bak sana yakın tarihten bir başka can yakıcı misal vereyim. Bosnalı kardeşler bağımsızlıklarını kazandıkları günlerde Sırplarla içli dışlı olmuşlardı. Kız alıp verecek kadar iyi ilişki içindeydiler. Dinleriyle bağları zayıflamış olduğu için gayrimüslim olan Sırplara güveniyorlardı. Ne zaman ki savaş başladı, en yakın gayrimüslim komşuları bile onlara düşman kesildi. Yüz binin üzerinde şehid verdiler. Milyonlarcası yerlerinden yurtlarından oldular.

Yine Kurtuluş Savaşı'nda aynı safta savaştığımız gayrimüslim Arnavutlar, Osmanlı'nın kaybettiği cephelerdeki haberlere bayram sevinci içinde kutlama yaptıklarını dönemin şahitleri anlatmaktadırlar. Rabbimizin hiç eskimeyecek uyarısı şöyledir:

"Şüphesiz ki kafirler/küfre sapanlar/inkârcılar, size apaçık bir düşmandır."(Nisâ, 4:101)

Bize düşen bu hakikatin gereğini yapmaktır. Düşmanını bileceksin. Ona karşı tedbirli olacaksın. Elbette ilişkilerin olacak, ticaret yapacaksın. Karşılıklı menfaatler ölçüsünde anlaşmalarımız olacak fakat asla dost ve sırdaş edinmeyeceğiz. Çünkü onların iç yüzünü en iyi bilen Rabbimiz bize bildiriyor ki onlar İslam'ın ve Müslümanların en azılı düşmanlarıdır. İslam'ın yayılmasına ve gelişmesine razı olmazlar. Onu yok etmek isterler. Buna güçleri yetmezse kontrol altında tutmak isterler. Bunun için de her türlü yola başvururlar. Rabbimiz her şeyi çok net açıklıyor.

"Ne Ehl-i Kitab'dan kâfirler ne de müşrikler, Rabbinizden size herhangi bir hayır indirilmesini (bir zafer, bir mevki ve bir kazanç elde etmenizi) isterler. Allah da rahmetini dilediği kimseye tahsis eder. Allah lütuf sahibidir."(Bakara, 2:105)

"Size bir iyilik dokunursa, onlara (içten içe) fenalık gelir/sıkıntı basar. Size bir kötülük/sıkıntı dokunursa, onunla sevinirler. Eğer sabreder, 'Allah'ın emrine uygun yaşarsanız,' onların hilesi size hiçbir şekilde zarar vermez. Elbette ki Allah('ın ilmi ve kudreti), onların yaptıklarını kuşatmıştır."(Âl-i İmrân, 3:120)

Yıllarca ülkemiz üzerinde oynanan oyunların sebebi de buydu. Allah'a teslim olanların kökünü kazımaktı. Bugünlere gelindiğinde Osmanlı'nın torunları içinde, bir tane ehli secde kalmayacak, bir tane hacca gidecek kalmayacaktı. Ezan susacak, camiler kapanacak ve Allah'a teslim olan bir kul kalmayacaktı. Onların bir planı vardı, Rabbimizin de. Rabbimiz yıllarca İslam'a hizmet eden bu milleti korudu ve onların planları tutmadı.

Sakın ola kâfirlerin yaldızlı sözlerine kanma. Yüzüne gülmeleri seni aldatmasın. Yapılan anlaşmalar sana ümit vermesin. Onlar senin zayıf hâlini kollarlar. Söyledikleri, içinde gizledikleri yanında bir hiç mesabesindedir. Çünkü onlar Allah'a ve dinine savaş açmışlardır. Güçleri yetse Allah'ın nurunu söndürmek isterler. Çok abarttığımı mı düşünüyorsun? İşte kalpleri elinde bulunduran Rabbimizin uyarısı:

"(Bütün açık veya gizli kâfir gruplar, her yerde İslâm'a karşı olup) Allah'ın nurunu ağızlarıyla söndürmek isterler. Allah ise, kâfirler hoşlanmasa da, mutlaka nurunu tamamlamak (ve yüceltmek) ister (tamamlayacaktır da)."(Tevbe, 9:32)

Onların birlik olmaları, güçlü olmaları ve her yerde söz sahibi olmaları kafanı karıştırabilir. Neden onlar güçlü biz zayıfız, onlar ezen biz ezileniz, inleyen biz gülen onlar? Çünkü Sünnetullah'ın gereği budur. Allah çalışana, gayret edene, çalışmasında sebat edene, birlik olana çalışmasının karşılığını vereceğini bildiriyor. Rabbimizin bu dünya için koyduğu kural budur. Çalışana karşılığını verecektir. Biz nefse uyduk dünyevileştik, Allah yolunda mücadeleyi bıraktık rehavete düştük, biribirimize düştük, gücümüzü yitirdik ve sonunda kâfirlerin oyuncağı olduk. Şimdi düştüğümüz yerden kalkma zamanıdır. Rabbimizin emrini yol kılavuzu edinir, rehberimizin izini takip eder ve gereğince çalışırsak zafer yakındır.

Kâfirlerin gücü seni korkutmasın. Teknolojik üstünlüğü başını döndürmesin. Renkli yaşamları moralini bozmasın. Allah kuluna kâfidir. O'nun yardımı geldiği zaman hiçbir güç senin karşında duramayacaktır. Sen O'na sarıl, O'na sığın ve O'na güven. Yol budur, bilmiyorum başka çıkar yol var mıdır?

> "Allah, iman edenlerin dostu ve yardımcısıdır; onları (küfür, şirk, materyalizm ile her türlü 'izm'lerin, bâtıl yaşantı ve zihniyetin) karanlıklarından aydınlığa çıkarır. Kâfirlerin dostları da tâğût (Allah'tan uzaklaştıran ve emirlerini yapmaktan men edenler)dir ki onlar da onları aydınlıktan (nurlu yoldan) çıkarır karanlıklara (sokar). Onlar, ateş ehli (cehennemlik)tirler; onlar orada ebedî olarak kalacaklardır."(Bakara, 2:257)

Küfründe inat edip Allah'a teslim olmayanları bekleyen çok çetin bir azap. O gün bütün sahip olduklarını, kurtuluş için vermek isterler ama iş işten geçmiştir. Dünya hayatı onlara cazip gelmiş ebedi hayatı unutmuşlardır. Allah adil-i mutlaktır. Onlara yaptıklarının karşılığını tastamam verecektir. İşte onları bekleyen gelecek:

> "Küfre sapan/inkâr edenlerin (görünüşte refah içinde) diyar diyar dönüp dolaşmaları sakın seni aldatmasın!"(Âl-i İmrân, 3:196)

> "O küfre sapan/inkâr edenlere gelince, onların ne malları ne de evlatları Allah'(ın azabın)a karşı kendilerine asla fayda

vermeyecektir. Onlar ateş ehli (cehennemlik)dirler; onlar hep orada kalacaklardır."(Âl-i İmrân, 3:116)

Yukarıda kısmen değindim ama tekrar etmekte fayda görüyorum. Yaşadığınız toplumda gayrimüslimlerle ilişkileriniz olabilir. İnsani çerçevede bunlar gayet doğaldır. Ama onlarla evlenmeyin. Onları kendinize sırdaş edinmeyin. Ve hiçbir zaman onlara güvenmeyin. Maalesef son yıllarda, Avrupa'da yaşayan kardeşlerde bu konuda ciddi savrulmalar görüyorum. İnandığı gibi yaşayamayanların, yaşadığı gibi inanmaya başladıklarına şahit oluyorum. Bu durumu hem kendileri hem de milletimiz adına ciddi bir tehlike olarak görüyorum. Bu konuyu daha iyi anlaman için Âl-i İmrân Suresi'ni iyice okumanı tavsiye ederim. Tefsiriyle birlikte anlamaya çalıştığında ne demek istediğimi daha iyi anlayacaksın. Okurken yakın tarihimizi ve güncel olayları da gözönünde bulundurarak oku. İsrail ve Filistin olaylarını hatırla, Mısır'da yaşananları tahlil et, Irak'a ABD'nin niçin girdiğini düşün ve Afrika insanının niçin aç, susuz ve fakir olduğunu araştır. O zaman burada yazılanları daha iyi kavrayacaksın. Bu bölümü şu mübarek ayet-i kerime ile noktalayalım:

"Ey iman edenler! Sizden olmayanı sırdaş (ve dost) edinmeyin. (Çünkü) onlar, sizi(n dininizi ve düzeninizi) bozmaktan geri durmazlar; daima size sıkıntı verecek şeyleri arzu ederler. Hakikaten, onların aşırı kin (ve düşmanlık)ları ağızlarından (taşıp) ortaya çıkmıştır. Gönülde gizledikleri (kin) ise daha büyüktür. Eğer düşünürseniz size âyetlerimizi böylece açıkladık."(Âl-i İmrân, 3:118)

4-Nefis

Düşmanlarının dördüncüsü nefsindir. Terbiye edilmediğinde kötülüğe meyleden ve şeytana asker olan 'ben'liğindir. İstersen yine nefs nedir oradan başlayalım. "'N-F-S' kökünden türeyen nefs sözlükte, ruh, can, akıl, insanın şahsı, bir şeyin varlığı, zatı, içi, hakikati ve beden demektir.

Nefs, hem insanın maddi varlığını ve hem de insanda var olan fakat gözle görülmeyen, iyi ve kötüyü arzu eden manevi varlığını ifade eder."[16]

Bizim burada üzerinde durduğumuz nefs, benlik manasında olacaktır. "Sufilerin büyük bir kısmı nefsi; kötü huylar ve eğilimleri ifade etmek için kullanırlar. En alt düzeyinde iken nefs bizi dalalete (sapkınlığa) götüren güçtür.

Nefsin kökü hem beden hem de ruhta olduğu için, hem maddi hem de manevi eğilimlere sahiptir. Başlangıçta maddiyat hâkimdir; nefs dünyevi zevklere ve ödüllere düşkündür. Maddi olan şeyi doğal olarak maddi dünya cezbeder. Nefs dönüştükçe daha çok Allah'a yaklaşır ve dünyaya bağlılığı azalır.

Sufiler Kur'an'daki referanslara dayalı olarak nefsin gelişiminin yedi farklı düzeyinden söz ederler.[17]

Nefs, can ve ego hepsi aynı manaya gelmekte. İnsanda iki eğilim mücadele halindedir. Bir, rahmani eğilimler; iki, şeytani eğilimler. Bir yönü cennete meylederken diğer yönü cehenneme meyletmektedir. Beyhaki'de geçen bir hadis-i şerifte Efendimiz[(sav)], "Sizin en büyük düşmanınız iki yanınız arasında bulunan nefsinizdir," buyurarak içimizdeki şeytani eğilime dikkat çekiyor.

Şimdi biraz bunun üzerinde duralım. Niçin nefsimiz en büyük düşmanımız? Sabah namazına bizi kaldırmayan kimdir? Bizi harama meylettiren, kardeşimizin kalbini kırdıran, ticarette hile yaptıran, siyasette nefsini düşündüren vs kimdir veya nedir? Cevap nefsimizdir. Terbiye edilmemiş, Rabbine teslim olamamış, şeytanın oyuncağı olan nefsimizdir. Nefis bu kadar kötü mü? Öyleyse onu öldürelim, diyebilirsin. Hayır, nefis senin bineğin onu öldüremezsin. Onu öldürmen demek kendini öldürmen demektir. Nefsi öldürmek tabiri yanlış kullanılıyor. Nefsi terbiye edip kontrol

---

16 *Dini Kavramlar Sözlüğü*, Diyanet İşleri Başkanlığı Yayınları, s. 522
17 *Kalp, Nefs, Ruh*, Prof. Dr. Robert Frager, s. 70

altına almak vardır. Sen, nefsini terbiye edecek, Rabbine teslim edeceksin. Bunu başarırsan kurtulursun.

Nasreddin Hoca'nın güzel bir karikatürü var. Hikmet ehli bir zattır. En zor meseleleri en basit bir şekilde hem de hiç unutulmayacak şekilde anlatmıştır. Fakat biz işin hikmet boyutuna bakmadığımız için zahirine bakıp gülüyoruz. Nedir bahsetmeye çalıştığımız hikmet diye meraklandın biliyorum. Şimdi izah ediyorum, hani hoca merkebe ters binmiş diye bir menkıbesi vardır. Bakar güleriz ve amma da ters adam diye latife yaparız. Hiç düşündük mü acaba bununla ne anlatmak istemiştir diye? Efendimiz(sav), "Nefsiniz bineğinizdir," buyurmuş. Bineğine iyi bakmalısın ki menzile ulaşabilesin. Hoca bu hadisten yola çıkarak, "Sen nefsinin isteğinin tersini yap ki kazananlardan olasın," diye nefisle mücadele yolunu en güzel ve basit bir şekilde açıklıyor. Hâlbuki biz ne yapıyoruz? Nefsimiz ne istediyse biz fazlasını yapmaya çalışıyoruz. Böylece yıllar geçiyor biz hâlâ aynı yerde sayıyoruz. Manevi yönden terakki edemiyoruz.

Nefis maddi yönü itibariyle kötülüğe meyledicidir. Yönü dünyaya doğrudur. Kendi hâline bırakılamaz. Terbiye edilmesi lazım. Bu hakikati Rabbimiz Hz. Yusuf'un diliyle bize haber veriyor:

> "(Yine de) ben, nefsimi temize çıkar(mak iste)mem. Çünkü Rabbimin esirgemesi olmadıkça, nefis her dâim kötülüğü emreder..."(Yûsuf, 12:53)

Nefis iyiliğe ve kötülüğe meyillidir. Onu kontrol edecek maneviyatın sağlam olması gerekir. Kendi haline bırakılırsa akla gelmeyecek kötülükleri sana işletebilir. Nicelerinin ayağının kayması, şeytanın tuzağına düşmesi ve dinin yasaklarını işlemesi nefsin tuzağına düşmesiyle olmuştur. Onun için Efendimiz(sav) sahabeye ve onlar şahsında bizlere şöyle dua etmemizi tavsiye etti:

"Allahım! Beni senin doğru yoluna ilet! Nefsimin şerrinden beni koru!" (Tirmizî, Daavât, 70)

"De ki: 'Ya Rabbi, kulağımın şerrinden, gözümün şerrinden, dilimin şerrinden, kalbimin şerrinden ve nefsi arzularımın şerrinden Sana sığınırım.'" (Ramuz el-Ehadis, 335/10)

"De ki: 'Ey Allahım Senden, Sana kavuşacağına inanmış, kaderine razı ve verdiğine kanaat eden, Seninle mutmain olan nefsi isterim.'" (Ramuz el-Ehadis, 335/11)

Nefisle mücadele zordur. Çok basit alışkanlıklarımızı bile terk edemeyişimizden anlayabilirsin. Sigara tiryakiliği, gıybet tiryakiliği ve boş konuşma tiryakiliğini misal verebilirim. Parmak kadar bir sigaraya mübtela olan insanın onu bırakmak için nasıl zorlandığını görüyoruz. İnsan terbiyesini en iyi bilen Efendimiz(sav) bu durumu Uhud Savaşı dönüşünde çok ibretli şu mübarek sözle kulağımıza küpe yaptı:

"Siz küçük cihaddan hayırlı bir gelişle büyük cihada döndünüz ki, bu, kulun nefs-i hevası ile mücadelesidir." (Ramuz el-Ehadis, 334/5) Düşmanla göğüs göğüse yapılan savaşı küçük savaş, nefisle yapılanı ise büyük savaş olarak isimlendiriyor. Maalesef günümüzde böyle bir düşmandan birçoğumuzun haberi bile yok. Canının her istediğini yapmayı kişisel özgürlük olarak algılıyor. Nefsi emmare (kötülüğü çokça emreden nefis) imparatorluğu yaşanıyor. "Sen benim keyfimin kahyası mısın?" "Canım nasıl isterse öyle yaşarım." "Kimse benim özgürlümü kısıtlayamaz." "Hayat benim değil mi, istediğim gibi yaşarım,"gibi sözleri sarfedenler, üzülerek ifade edelim ki nefislerini ilahlaştırmış oluyorlar. Farkında olmayarak nefislerine tapıyorlar. Kendi ateşlerini kendileri yakıyorlar. Bu değerlendirmemizi çok mu ağır buldun? İşte Rabbimizin uyarısı.

"(Allah'ı ve hükümlerini unutup) hevâlarını/arzu ve heveslerini kendisine ilâh edinen kimseyi gördün mü?"(Furkân, 25:43)

"Arzu ve heveslerini ilâh edinmiş, bilgisine rağmen (Allah'ı bırakıp da o hevâsına kul olmasından dolayı) Allah'ın da kendisini sapıklıkta bıraktığı, kulağını ve kalbini mühürleyip gözüne de bir perde çekmiş olduğu kimseyi gördün mü? Şimdi (bana söyle) artık Allah'tan başka, onu doğru yola kim getirebilir?"(Câsiye, 45:23)

Evet, nefsinin esiri olanları ancak Allah doğru yola iletebilir. Onun için de nefsin tuzağına düşen kişi, kendisi isteyecek kurtuluşu. Ona yardımcı olmak isteyene kulak verecek. Tavsiyelere uyacak. Çıkış için dua ve gayreti olacak. Yoksa Allah korusun bu tutku, sahibini ateşe sürükleyecektir. Özellikle gençlik dönemi bu bakımdan çok tehlikelidir. Bütün tahriklere ve teşviklere rağmen nefsine gem vurup, şeytana posta koyanlar gerçek pehlivanlardır. Nefsini dizginlemeyi becermiş, Rabbinin rızasını gözetmişlerdir. Ne mutlu o pehlivanlara. Efendimiz(sav) şöyle buyurur:

"Mücahid o kimsedir ki, Allah'ın Zatı uğrunda nefsiyle mücadele eder." (Ramuz el-Ehadis, 233/4)

Anlattıklarınız beni ürküttü, yaşama sevincimi bozdu ve ümitsizliğe sevketti, diyecek olursan bunun güzel bir başlangıç olduğunu söylerim. Demek ki sen kurtuluş yolunu seçmek istiyorsun. Rabbinin rızasını tercih edenlerdensin. O zaman sana, nefsi terbiye etmenin, kontrol altına almanın ve güzelleştirmenin yollarını anlatayım. Ama öncelikle şu mübarek hadis-i şerifi hiç unutma!

"Cehennem, nefse hoş gelen şeylerle kuşatılmış; cennet ise, nefsin istemediği şeylerle çepeçevre sarılmıştır." (Buhârî, Rikak 28)

Nefsi terbiye etmek için öncelikle Rabbimize dua edeceğiz. Yukarıda Efendimizin(sav) tavsiye ettiği dua misallerini sundum. Onlarla başlar, gönlünden geçenleri de ilave edersin. Dua önemli bir silahtır. Bulabilirsen mürşid-i kâmil sana iyi bir rehber olacaktır. Fakat gümüzde maalesef bu işin bezirganları daha çoktur, dikkat etmelisin. Gerçek mürşid-i kâmil seni Kur'an ve sünnete çağırır. Kendine değil. Sahteleri ise hep kendinden bahseder ve seni kendine çağırır.

Nefse karşı zafer kazanmak için kalbini beslemelisin. Kalbini beslemenin yolu dünyaya düşkünlüğü azaltmak ve zikrullaha gayreti çoğaltmakla olur. Günlük Efendimizin(sav) tavsiye ettiği zikirlerin olmalı. İleride bunları seninle paylaşacağım.

Nefsi terbiye etmenin en etkili yollarından biri sünnet olan oruçlara devam etmendir. Ramazan ayı haricinde Şevval orucuna, Zilhicce orucuna, Muharrem orucuna, Pazartesi-Perşembe orucuna ve her kameri ayın 13, 14 ve 15'inde oruç tutmaya çalışmalısın. Bu peygamberlerin(as) ve salih kulların metodudur.

Yine bu yolda güzel örnek olmuş büyüklerin tavsiyelerindendir, az yemek, az uyumak ve az konuşmak. Becerebilirsen çabuk yol alırsın. Efendimiz(sav), midesinin üçte birini yemekle, üçte birini suyla doldurur ve üçte birini boş bırakırmış. Bizim uygulayamadığımız en güzel sünnetlerindendir. Bugün nefsimizi şımartan ve yoldan çıkaran üç şey çok yemek, çok uyumak ve çok konuşmaktır. Rabbimiz bizleri affetsin.

Allah yolunda Allah'ın kullarına hizmet etmelisin. Bugün Allah dostu olarak bildiğimiz güzel insanların hemen hepsi insanlara hizmet ve şefkatle bu mertebeyi elde etmişlerdir. Yıllarca hizmet ederek nefislerini kontrol altına alabilmişlerdir. Bazen nefse çok ağır gelen işleri bile seve seve yapmışlardır. İlk önce bunlar nefsine ağır gelir. Hatta nefret bile edebilirsin. Çünkü nefsin tedaviye direnmektedir.

Bir de Allah'ın salih kullarını seveceksin. Başta Resülullah(sav) ve sahabe-i kiram olmak üzere Allah dostlarına muhabbetin olacak. Bu da denenmiş, tecrübe edilmiş güzel bir yoldur. Kısa zamanda ciddi mesafe aldırır. Rabbim yolunu açsın. Gönlüne imanın tadını tattırsın. Güzel bir mümin eylesin. Amin.

5-Şeytan

Düşmanların beşincisi ve en sinsisi, senin ezeli ve ebedi düşmanın şeytandır. Sen de onu düşman bilmelisin. Tanımalı ve uzak durmalısın. Değişik hileleri vardır. Bazen sağdan bazen soldan yaklaşır. Adamına göre muamelesi vardır. Rabbine söz verdiği için kıyamete kadar bizimle uğraşacaktır. İstersen yine kısaca kelime anlamıyla onu tanımaya başlayalım. Sonra yolumuza devam ederiz.

"Şeytan kelimesi 'şatn' kökünden alındığı zaman, uzak olmak, muhalefet etmek, toprağa girmek ve ipe bağlamak gibi anlamlara gelmektedir. 'Şayt' kelimesinden türetilmiş bir cins isim kabul edildiğinde ise, yanmak ve helak olmak demektir. İblisin kuvvetine, faaliyetlerine verilen bir ad olarak bazen iblis yerine de kullanılır.

Allah insan neslinin ilki Hz. Âdem'i yaratınca meleklere, ona secde etmelerini emretti. İblis (Şeytan) hariç hepsi secde ettiler. Böylece ilk isyan, kibir, ayrılık ve düşmanlık başladı."[18] A'râf Suresi'nde Rabbimiz bunu açık bir şekilde bizlere anlatmaktadır.

Şeytan müminlerin düşmanıdır. Aldatmak ve yoldan çıkarmak için uğraşır. Seninle de uğraşıyor ve uğraşacak. Onun görevi budur. Sen de onu düşman bellemelisin. Rabbimizin çağrısı çok açık:

"Şüphesiz şeytan size (apaçık) bir düşmandır. Siz de onu düşman sayın."(Fâtır, 35:6)

Senin gaflet anını kollar. Aldatmak için her yolu dener. Hatta Allah ile aldatmaya çalışır. "Allah affedicidir, seni de affeder. Bir defayla bir şey olmaz. Senin günahın Allah'ın affından daha mı büyük?" vb. binbir vesvese vererek seni yoldan çıkarmaya çalışır. İşte bunu da Rabbimiz şöyle açıklıyor:

18 *Dini Kavramlar Sözlüğü*, Diyanet İşleri Başkanlığı Yayınları, s. 621-622

"Çok aldatıcı (şeytan), sizi Allah'(ın affına güvendirmek)le aldatmasın."(Fâtır, 35:5)

Vesvese verir, kışkırtır, nimetlere nankörlük ettirir. Sabretmen gereken durumlarda seni isyana sürükler. Zayıf anını ve sıkıntılı anını kollar, şüphe verir. Rabbimizin yasakladığı kötü işleri sana güzel gösterir, gönlün razı olmasa bile nefsin şeytana kulak verir ve sana o yasakları yaptırır.

İçki, kumar ve fuhuş gibi eylemlere sürüklemek ister. Bunlarla seni Rabbinden uzaklaştırmak ister. Bunları sana sevdirmeye çalışır. Bazen arkadaşınla, bazen modayla gelir sana. Sendenmiş gibi görünür. Hemen Rabbimizin şu uyarısını hatırla:

"Ey iman edenler! Şeytanın adımlarına uymayın! Kim şeytanın adımları ardınca giderse, şüphesiz ki o hayasızlığı ve kötülüğü emreder."(Nûr, 24:21)

O görevini yapıyor. Sen de Rabbine kulluğuna devam et. Ruhlar aleminde verdiğin sözü hatırla. Sözünde dur. Kulluğuna zarar verecek eylemlerden sakın. Şeytandan ateşten sakınır gibi sakın. Çünkü o seni ateşe çağırıyor. Yolunu izleyenlerin varacağı yer cehennemdir. Daha dünyadayken şeytana uymanın müthiş bir acısı vardır. Kalbin daralır, kıvranırsın. Yaptığına bin pişman olursun. Bu da imanına işarettir. Eğer şeytanın yolunu izlemek, günaha dalmak sana acı vermiyor, kalbini daraltmıyorsa bil ki imanın tehlikede. Hemen tövbe et. Kendine çeki düzen ver. Yoksa kaybedenlerden olursun.

Bu satırları okuyunca moralin bozuldu değil mi? Şeytanı gözünde büyüttün. Ben bu azılı düşmanla nasıl mücadele edeceğim diye düşünüyorsun? "Bugüne kadar nicelerini yoldan çıkarmış, ben ona direnebilir miyim?" mi diyorsun? Hiç korkma. Onun gücü yoktur. Sana zorla birşey yaptıramaz. Sadece davet eder, vesvese verir. Hepsi bu kadar. İnanmıyor musun? Onu en iyi bilen, onu da seni de yaratan Rabbimiz bak onun hakkında ne buyuruyor, iyice oku ve Rabbine teslim ol:

> "(İblis) dedi: 'Senin yüceliğine andolsun ki ihlaslı (sana gönülden bağlı) ve itaatli kulların hariç, o (insan)ların hepsini mutlaka azdıracağım.'"(Sâd, 38:82-83)
>
> "Gerçek şu ki inananlara ve Rablerine güvenip dayananlara onun tesir gücü yoktur."(Nahl, 16:99)
>
> "Kuşkusuz, benim kullarıma karşı senin hiçbir tesir gücün yoktur; ancak azıp (da benim yolumdan) sapanlardan sana uyacak olanlara vardır."(Hicr, 15:42)

Hedefi büyük ama gücü zayıf. Bütün insanları yoldan çıkarmak ve azdırmak istiyor fakat inananlara, Rablerine güvenip dayananlara, ihlasla Allah'a itaat edenlere bir şey yapamıyor. Onun için rakibinin gücünden korkma. Sana zorla bir şey yaptıramaz. Kendini kontrol et. Gelen duygunun Rahmani mi yoksa şeytani mi olduğuna bak. Ondan bir vesvese geldiğinde,

"Şeytandan bir vesvese seni dürterse hemen Allah'a sığın Çünkü O, (her şeyi) hakkıyla işitendir, bilendir,"(A'râf, 7:200) ayetini hatırla ve Rabbine sığın. Allah kendisine sığınan kullarını mahrum etmez. Allah'a sığınana zaten o yaklaşamaz. Şeytanın bize zarar vermesinin sebebi, bizim Allah'tan uzaklaşmamız ve ona yaklaşmamız sebebiyledir. Şimdi düşüncemizle, yaşantımızla kime yakın olduğumuzu kontrol edelim!

Korunma Yolları

Müslüman, düşmanlarına karşı sınırda nöbet bekleyen asker gibi olmalıdır. Daima uyanık olmalı. En ufak bir gafletin hayatını ortadan kaldıracağını düşünmeli. Yukarıda saydığımız düşmanlar, senin hem imanına hem de bedenine kasdederler. Onun için teyakkuzda olmalısın. Allah ile irtibatını sağlam tutmalısın. Allah ile aran açılırsa bunlar senin gafletinden faydalanır.

Rabbinle aranı açan, dünya ve ahiretini bitirmeye çalışan düşmanlarına karşı kuvvetli olmak için daima abdestli yaşamaya çalış. Bundan sonraki hayatının olmazsa olmazlarından olsun abdestli yaşamak. Abdestli olduğun sürece ibadet sevabı alırsın. Ezan okunduğunda namazını vaktinde ve cemaatle kılarsın. Abdestli olma bilinci seni şeytana karşı uyanık kılar. Abdestli yattığında Rabbinin senin için görevlendirdiği melekler seni korur, sana dua ederler. Gözle göremediğin diğer canlılar sana zarar veremez. Allah'ın muhafazasında olursun.

Dilini zikre alıştır. Rabbini zikrettiğin sürece sen Rabbinle birlikte olursun. Şeytan senden uzaklaşır. Ayaktayken, otururken ve yatarken dilin zikirle meşgul olsun. Özellikle gizlice zikretmeye çalış. Dilin sussun, kalbin zikretsin. Bunun sevabı daha çoktur. Bütün nafile ibadetler ne kadar gizli olursa sevabı o kadar çok olur. Sadece Rabbin bilir senin zikrini.

Namazlarını camide cemaatle kılmaya çalış. Allah'ın rahmeti cematin üzerinedir. Ezan okunduğunda şeytan o mekândan kaçar. Mescidlerde Kur'an okuyanlar, dua edenler, ilim öğrenenler ve zikredenler şeytanın düşmanlarıdır. Onlardan hoşlanmaz. Sen de onu kendinden uzaklaştır.

Pazartesi-Perşembe günlerini gücün yettiğince oruçlu geçir. Kuvvetli bir sünnettir. Efendimiz(sav) böyle yapardı. Sebebi sorulduğunda, "O günlerde ameller Allah'a arz edilir. Ben de oruçluyken amellerimin Allah'a arz edilmesini arzu ediyorum," buyurmuştur. Oruç her türlü musibete karşı bir kalkandır. Senin de böyle bir manevi zırhın bulunsun.

Salih arkadaşların olsun. Seni cennete taşıyacak, ibadet ve taatte yoldaş olacak, unuttuğunda sana hatırlatacak, hatırladığında seninle beraber olacak dostların olsun. Birlikte üzülüp, birlikte sevinebileceğin kardeşlerin olsun. Allah'ı hatırlatan kardeş, dünya nimetlerinin en güzellerindendir. Az bulunur. Sen de onları ara, bul. Bulduğunda kıymetini bil. "Kişi sevdiğinin dini üzeredir," sakın bunu aklından çıkarma.

Kur'an ve sünnet çizgisinde hareket eden, aşırılıklardan ve tâssuptan uzak, ehl-i sünnet ve'l cemaate mensup, ilme önem veren ve ilmiyle amel eden bir cemaatin sohbetlerine devam et. En az haftada bir, böyle bir sohbetten beslenmeye çalış. Yoksa dışarıdan gelen negatif yayınlar senin maneviyatını olumsuz etkileyecektir. Eğer böyle bir cemaat bulamadıysan bu özelliklere sahip âlimlerin sohbetlerini internet ortamından takip etmeye çalış. Bunun çok faydasını göreceksin.

Günlük dua programın olsun. Meşrebine göre bir dua kitabını günlük okumaya çalış. Dua müminin silahıdır. Maddi ve manevi düşmanlara karşı zırhtır. Allah dostları buna çok önem vermişlerdir. Ve kendilerine göre Kur'an ve sünnetten derledikleri dua kolleksiyonları oluşturmuşlardır. Buna misal olarak, Mehmed

Zahid Kotku'nun(r.aleyh) Evrad-ı Şerif'ini ve Said-i Nursi'nin(r.aleyh) Cevşen'ini tavsiye ederim.

Günah işlenen ortamlardan uzak durmaya çalış. Oranın pisliği sana bulaşmasın. Ben kendime güveniyorum, diyerek şeytanın oyununa gelme. Günah işlenen bir ortama, onları uyarmak, yaptıklarının yanlış olduğunu söylemek dışında gitmemelisin. Günah işlenen mekâna gidersen orada işlenen günahlardan sana da günah yazılır. Oraya inen azap sana da dokunur. Bir çok insanın aldandığı ve farkında olmadan kendini zehirlediği bir tuzaktır bu tür ortamlar.

Son olarak şu iki ayet-i kerimenin mealini hatırlamamız yerinde olacaktır.

"Ey iman edenler! (Nefsinizin arzularına, çeşitli zorluklara, her türlü düşmanlarınıza karşı) dayanın, sabır ve sebat yarışına girin, murâbıt olun (nöbet halinde imiş gibi bekleyin, cihada hazırlıklı olun) ve Allah'tan korkun (emirlerine uygun yaşayın) ki kurtuluşa eresiniz."(Âl-i İmrân, 4:200)

"Ey iman edenler! (İyiliği emredip kötülüğü önlemede) kendiniz için üzerinize düşene bakın. Siz (bu görevi de îfâ ederek Allah'ın gösterdiği) doğru yolda olduğunuz zaman, artık sapanlar(ın günahı) size zarar vermez. Hepinizin dönüşü ancak Allah'adır. O size yaptıklarınızı haber verecektir."(Mâide, 5:105)

Kur'an Hayat Kitabın Olsun!

Kur'an'ı hayat kitabı edin. Okumasını bilmiyorsan en kısa zamanda öğren. Öncelikle Rabbimizin bize vahyettiği şekliyle okumaya çalış. Okumaktan gaye onu anlamaktır. Anlamaktan gaye ise gereğince yaşamaktır. Kur'an, insanın yaşam kılavuzudur. Senin dünya ve ahiret mutluluğunun şifreleri ondadır. Okudukça doyulmayan, tekrar ettikçe heyecan veren ve asla bıkkınlık vermeyen tek kitaptır. Çünkü o Allah'ın kelamıdır.

Kur'an, Allah tarafından Cebrail(as) aracılığı ile Peygamberimize(sav) gönderilen, Peygamberimizin(sav) ezberlediği ve yazdırdığı, yirmi üç yılda tamamlanan, Fâtiha Suresi ile başlayıp Nâs Suresi ile biten, yüz on dört sureden oluşan, bizzat Rabbimiz tarafından korunan ve indirildiği günden bu yana hiçbir değişikliğe uğramamış bir kitaptır. Efendimiz(sav) şöyle buyurmuştur:

"Allah'ın kitabı. Onda sizden öncekilerin haberleri ile sizden sonrakilerin haberleri ve çağdaşlarınızın hükümleri vardır. O, hak ile bâtılı birbirinden ayıran ciddi bir kitaptır. Onu terkeden zalimleri Allah helak eder. Onun dışında doğru yol arayanları Allah saptırmıştır. O, Allah'ın sağlam ipidir. O, hikmetli zikir ve doğru yoldur. Şahıslar onu bozamaz, diller onu karıştıramaz, âlimler ona doyamaz, çok tekrar edilmekten dolayı bıkkınlık vermez, incelikleri bitmez, cinler onu duydukları zaman, "Biz hakiki hayranlık veren bir Kur'an dinledik. Ki o hakka ve doğruya götürüyor. Bundan dolayı biz de iman ettik," dediler. Kim onun görüşünü kabullenirse tasdik edilir. Onunla amel eden sevaba nail olur. Onunla hükmeden doğru davranmış ve ona çağıran da doğru yolu göstermiş olur." (Tirmizi, 11/30-31)

Başka bir hadis-i şerifte şöyle buyurmuştur:

"Hiçbir peygamber yoktur ki, beşerin kendisine inanmasına vesile teşkil eden bir mucize verilmiş olmasın. Şüphesiz ki bana verilen en büyük mücize, Allah'ın bana vahyettiği Kur'an'dır." (Buhari, 6/97)

Yine Efendimiz(sav) şöyle buyurmuştur:

"Ey müminler! Size gün gibi açık ve âşikâr bir emanet bırakıyorum ki, ona sımsıkı sarıldıkça asla dalâlete düşmezsiniz. Bu da Allah'ın kitabı (Kur'an)dır." (Müslim, İmare, 36)

Efendimizin(sav) en büyük mucizesi, insanlığın hidayet kaynağı ve rehberi senin elinde. Uzandığında alabileceğin kadar yakınında. O sana gönderildi. Oku, anla ve yaşa, diye. Okudun mu? Anlamaya çalıştın mı? Onun tarif ettiği şekilde yaşıyor musun? Biliyor musun dostum, ahirette sadece bu kitaptan hesaba çekileceğiz. Zuhruf Suresi'nin 44. ayetinde Rabbimiz, "Şüphe yok o (Kur'an), senin için de, ümmetin için de bir öğüttür. İleride (hepiniz, ona uyup uymadığınızdan) sorulacaksınız," buyuruyor. Sınava hazır mısın?

Ehliyet sınavına çalıştığın kadar ahiret sınavına çalıştın mı? Çalışmadıysan bu satırları bitirdikten sonra asıl sınavına çalışmaya başla. Bir kez başından sonuna kadar Kur'an'ın mealini, yani kendi dilindeki tercümesini oku. İlgini çeken yerleri işaretle. Anlamadığın yerleri tefsir kitaplarından incele ya da bu konuda ehil olan birine sor. Kur'an'ı okumak, anlamak ve yaşamak ibadettir. Onunla geçireceğin her vakit senin için elmas değerindedir. Paha biçilmez bir servete çalıştığının farkında ol. Evlat katilleri, eşkıyalar ve zalimler hepsi onunla nurlandı, iman nimetine kavuştu, Allah Resûlü'ne(sav) sahabe oldu ve Allah'ın sevdiği, medhettiği kullar oldular.

Tekrar tekrar oku. Okurken, konuşan Allah, dinleyen sen ol. Çünkü okuduğun Allah'ın kelamıdır. Allah ile konuşuyorsun. Okuduğun her cümlenin sana seslendiğini unutma. Okurken, "Rabbim bana ne diyor?" diye bakarsan, okudukların sana çok şey söyleyecektir. Onun tadını alınca bir daha da bırakamazsın.

Ülkemiz genelinde Kur'an'la ilişkimizde ciddi bir çarpıklık var. Kitabımızı mübarek gün ve gecelerde okuyup sevabını geçmişlerimizin ruhuna hediye ediyoruz. Mevlidlerde garnitür olarak okuyoruz. Salon programlarımıza onu okuyarak başlıyoruz. Vefat edenlerimizin arkasından bir hafta boyunca okuyup üflüyoruz. Böyle bir okumayı ne Rabbimiz bize emretmiş ne de Resûlü(sav) bize öğretmiş. Bunlar bizim ürettiğimiz, kendimizi avuttuğumuz ve rahatlattığımız bir okuyuş tarzı.

Bir de sesi güzel olan hafız efendilerden dinlemeyi seviyoruz. Onları dinlerken hüzünleniyoruz hatta bazen gözümüzden yaşlar bile süzülüveriyor. Rabbimiz bizden bunu mu istiyor? Efendimiz(sav) ve sahabesi böyle mi okumuş? Onların okuyup anlamadığı, anlayıp yaşamadıkları bir ayet var mıdır? Biz nasıl bu hâle geldik? Hayat kitabımızla bağımızı nasıl kopardık? Şimdi hatamızı fark ettik. Önce Rabbimizden özür dileyeceğiz. Sonra yaşam kılavuzumuzla aramızı düzelteceğiz. Günlük programımız içinde onu baş köşeye oturtacağız. Her gün ondan faydalanmaya çalışacağız. "Kur'an okuyorum," diyeceğiz. Efendimiz(sav) gibi, yaşayan Kur'an olma yoluna gireceğiz. Kur'an'ın boyasıyla boyanacağız.

Sana tavsiyem önce namazda okuduklarından başlayabilirsin. İlk dersin mübarek "Fâtiha Suresi" olsun. Sonra sırasıyla takip edersin. Onları bitirdikten sonra nüzûl (iniş) sırasına göre veya diziliş sırasına göre okuyabilirsin. Fakat sakın ola ki bir meal okuyup hemen ondan hüküm çıkarmaya kalkışma. Başkalarının hatalarını düzeltecek ayet arayışına girme. Önce kendine oku. Kur'an'la kendini düzeltme yoluna gir.

Kur'an ölü yürekleri diriltir. Hayat verir kendiyle ilgilenene. O hidayet rehberidir. Eğriyi doğrudan ayıran mihenk taşıdır. Hakkı bâtıldan ayıran furkandır. Onda şüphe yoktur. Ona imanla yaklaşırsan sana cennet yolunu gösterir. Küfürle yaklaşırsan seni cehenneme sürükler. Mümine şifa iken, kâfire cefadır. Müminin imanını kâfirin küfrünü artırır.

Rabbimiz buyurur ki:

"(Resûlüm!) Kitab'dan sana vahyedileni oku ve namazı da dosdoğru/gereğine uygun olarak kıl."(Ankebût, 29:45)

Bu ayette gördüğümüz gibi bize vahyedilen kitabımızı okuyacağız. Okumanın peşinde bize emredilen namazı kılacağız. Söylemden eyleme geçiş başlayacak. Kuru kuru bir okuma olmayacak. Okumanın eseri üzerimizde görülecek. Kur'an'ın boyasıyla boyanmaya başlayacağız. İşte böyle yapmaya başlayınca Kur'an bizi adam eder. Ölü yüreğimizi diriltir. Kalbimiz hissetmeye, gözlerimiz hakikati görmeye başlar ve hayatımızın rotası istikametini bulur.

Kur'an sana muhtaç değil. Sen Kur'an'a muhtaçsın. Kur'an'dan bağını koparırsan, şeytan sana yoldaş olur, seni yoldan çıkarır fakat sen farkına varamazsın. Kendini hak yolda zannedersin. Rızkın daralır, sıkıntılı bir hayat sürersin. Kalbin katılaşır, Rabbinden uzaklaşırsın. Allah'ı unutursun, kendine yazık edersin.

Senden ricam, şu mübarek ayete dikkat et ve buradaki soruya cevap ara!

"İman edenlerin Allah'ı anma ve hak olarak inen (Kur'an)'a karşı kalplerinin ürpermesi/saygıyla yumuşaması zamanı gelmedi mi?"(Hadîd, 57:16)

Ne dersin, hâlâ vakit gelmedi mi? Ya biz kendimize gelmeden, can emanetimizi almak için görevli melek bize gelirse? İşte o zaman keşkeler fayda vermeyecek. O vakit gelmeden biz kendimize gelelim. Rabbimizle aramızdaki engelleri kaldıralım. O'nun sözlerine teslim olalım. Haydi çek besmeleyi ve okumaya başla. Allah yardımcın olsun.

Namaz Ruhunun Gıdası

Namaz dinin direği, müminin miracı, cennetin anahtarı, gözün nuru ve imanın meyvesidir. Bütün peygamberlerin yaptığı bir ibadettir. Kur'an'da yüzü aşkın ayetle hatırlatılır. Peygamberimize(sav), peygamberliğinin ikinci gününde öğretilen ameli farzdır. Ahirette imandan sonra ilk hesabı görülecek ameldir.

Namaz, günde beş vakit olarak farz kılınmıştır. Hac, imkân varsa ömürde bir defa farzdır. Oruç, senede bir ay farzdır. Zekât nisap miktarından fazla mala sahip olana farzdır. Namaz ise her gün yapılması gereken bir farzdır. Akıllı, ergen her Müslümana namaz farzdır. Mazeretsiz olarak kazaya bırakılamaz. Savaşta bile terkine müsade edilmemiş, Bedir Harbi'nde Allah Resûlü ve ashabı, savaş meydanında namazı hem de cemaatle kılmışlardır. Hasta, oturarak, yatarak veya ima ile kılabilir. Abdest alamıyorsa teyemmüm eder. Ama asla kazaya bırakılmaz. Kılmayıp kazaya bırakmak büyük günahtır. Tevbeyi gerektirir.

Rabbimiz şöyle buyurur:

"İman eden kullarıma söyle: Namazı dosdoğru kılsınlar, içinde ne bir dostluğun ne bir alışverişin bulunduğu bir gün gelmeden evvel..."(İbrahim, 14:31)

Herkesin kendi derdine düşeceği o gün hesap verme günüdür. Herkes ektiğini biçecektir. Keşkeler fayda vermeyecektir. O gün zerre miktarı hayır ve şer karşılık bulacak ve kimseye haksızlık edilmeyecektir. Nesebin, zenginliğin ve şöhretin fayda vermediği bir gündür. O gün bazı yüzler gülecek, sevinecektir. Kurtulmanın mutluluğunu yaşayacaktır. Onların kim olduğunu merak ettin değil mi?

"Mü'minler muhakkak felâh bulmuş (umduklarına ermişler) dir. Onlar, namazlarında huşû içinde (kalbi ve bedeniyle tam teslimiyet halinde)dirler...Onlar ki namazların(ı vaktinde ve gereğince kılmay)a devam ederler. İşte onlar, vâris olanların ta kendileridir. Onlar (cennetlerin en yücesi) Firdevs'e vâris olacaklardır ki bu mirasçılar, orada ebedî kalacaklardır."(Mü'minûn, 23:1-2, 9-11)

Sen de bunlardan olabilirsin. Rabbimizin müminler için hazırladığı Firdevs Cenneti seni bekliyor. Yapman gerekenler açık seçik açıklanmış. Efendimiz(sav), Mü'minûn Suresi'nin ilk on ayetinin gereğini yerine getirenin cennetlik olduğu müjdesini vermiş. Rabbim cümlemizi onlardan eylesin.

Namaz kılmakta zorlananlar, "Nefsime ağır geliyor, kılamıyorum," diye dertlenenler oluyor. Bir müddet sonra da içindeki bu sızıyı dindirmek için kendini ikna etmenin yolunu arıyorlar. Ve namaz kılamasalar da kalplerinin temiz olduğunu, kimseye kötülük etmediklerini, insanlara iyilik yaptıklarını ve namazın Allah ile kulu arasında olduğunu ve bunu da affedeceğine kendilerini inandırıyorlar. Sonunda kendilerini rahatlatmaya çalışıyorlar. Bunun sebebi nedir, diye Kur'an'a baktığımızda şu ayet çıkıyor karşımıza:

"Münâfıklar (kalplerinde küfrü ve düşmanlığı gizleyip dilleriyle iman ettiklerini söyleyerek güya) Allah'a hile yapmak isterler. Hâlbuki O, onların hilelerini başlarına geçir(ip cezalarını ver)endir. Onlar, namaza kalktıkları vakit üşene üşene kalkarlar (özen göstermezler), insanlara gösteriş yaparlar. Allah'ı da ancak pek az zikrederler (hatırlarlar)."(Nisâ, 4:142)

Bu ayeti okuyunca bizimle alakası yok diyebiliriz. Çünkü burada Rabbimiz münafıklardan bahsediyor. Elhamdülillah biz Müslümanız. Fakat bu düşünce doğru değildir. Efendimizin(sav), zaman zaman münafıkların hâllerinden haber verdiği ameller vardır. Bunlar münafıklık virüsüdür. Müslümana bulaşabilir. Zamanında tedbir alınmazsa insanı küfre kadar sürükleyebilir. "Sözünde durmamayı, emanete hıyanet etmeyi, sabah ve yatsı namazında cemaate gelmemeyi vs." Efendimiz(sav), münafıklık alameti olarak bildirmiştir. Bize düşen bu virüslerden kendimizi korumak; bizde varsa onlardan arınmaktır. Namaz kılmamak -Allah korusun- kişiyi cehenneme götürür. Bununla ilgili iki önemli ayeti hatırlamamız gerekiyor. Meryem Suresi'nde şehvetlerine uyup namazı terkeden neslin geleceği haber verilirken, Müddessir Suresi'nde cennettekilerin cehennemdekilere sordukları soruya verdikleri cevabı okurken, namaz kılmamanın acı sonucunu öğreniyoruz:

"Kendilerinden sonra arkalarından öyle (kötü) bir nesil geldi ki namazı bıraktılar ve şehvetlerine uydular. İşte (bunlar), azgınlıklarının cezasına uğrayacaklardır."(Meryem, 19:59)

"(Onlar) cennetlerdedirler. Onlar suçlulara: 'Sizi kavurucu ateşe sokan nedir?' (diye uzaktan sorarlar.) (Günahkârlar) derler ki: 'Biz namaz kılanlardan değildik. Yoksula yedirmezdik. (Kur'an'ın buyruklarını bırakıp, batıl şeylere) dalanlarla beraber biz de dalardık.'"(Müddessir, 74:40-43)

Namaz imanın alametidir. Namaz kendinden önce işlenen günahlara keffarettir. Allah ile sohbettir. Kulun Rabbine en yakın olduğu yerdir. Ruhun gıdasıdır.

Ölüm En Büyük Hakikat

"Her canlı (nefis) ölümü tadacaktır. Ecirleriniz (yaptıklarınızın karşılıkları) ancak kıyamet günü tastamam verilecektir. (O gün) kim ateşten uzaklaştırılır da cennete konulursa, artık o gerçekten kurtuluşa ermiştir. Bu dünya hayatı, ancak aldatıcı bir metâ (geçici zevk ve faydalanma)dan ibarettir."(Âl-i İmrân, 3:185)

Öleceğiz. Bu dünyaya gelmek elimizde olmadığı gibi gidişimiz de elimizde olmayacak. Sayılı nefesler tükendiğinde bize emanet olarak verilen canımız bizden alınacak. Ölüm son değil. Yeni ve ebedî bir hayata uyanıştır. Ektiklerimizi biçme yeridir. Önden gönderdiklerimize kavuşma mekânıdır. Geldiğimiz yere dönüştür. Aslî vatanımıza vuslattır. Ruhun beden kafesinden kurtulmasıdır. Ruhun hürriyetine kavuşma vaktidir.

Öldüğümüz gün sevdiklerimiz ağlayacak, sızlayacak, gözyaşları sel olup akacak. Bu hâl birkaç gün sürecek. Bizi en çok sevdiklerimiz götürüp toprağa gömecek. Bizi amelimizle baş başa bırakacak. Orada bizi bekleyenler olacak. Rabbimizin görevlendirdiği münker ve nekir melekleri bizi karşılayacak. Dünyada yaptıklarımızdan ve yapmamız gerekirken yapmadıklarımızdan soracaklar. Dünyada işlediklerimiz bizim yol arkadaşımız olacak. Varsa salih, sevap kazandıran işlerimiz bize yoldaş olacak. Hesabımızın kolay olması için şahitlik edecekler. Namazımız, orucumuz, zekâtımız, haccımız ve kelime-i şehadetimiz bizimle olacak. Okuduğumuz, tefekkür ettiğimiz ve yaşam kılavuzu kıldığımız Kur'an ayetleri sıcacık, en samimi dostumuz olacak. "Ben senin dünyada okuduğun Mülk Suresi'yim," diyecek. Sevineceğiz onun arkadaşlığına. Münker-Nekir meleklerinin her sorusuna, bizim adımıza onlar cevap verecekler. Kabrimiz cennet bahçesi olacaktır. Cennetteki makamımızı temaşa etmek en büyük zevkimiz olacaktır. Böyle bir karşılaşma dünyadaki çalışmamızın karşılığı olacaktır. Eğer tembellik edersek, Rabbimizin mesajını kulak ardı edersek, Efendimizin(sav) kılavuzluğunu terk edersek, bizi bekleyen durum vahimdir. Kabir bizim için cehennem çukuru olacaktır. Üç günlük dünya hayatı için ebedi ahiret hayatını kaybetmek, kendimize yapacağımız en büyük zulümdür. Aklımızı kullanıp ebedî hayatımıza yatırım yapmalıyız. Asıl hayat ahiret hayatıdır. Oradan kaçış yok. Vakit geldiğinde, hiç kimse ölümüne engel olamayacak. İşte hakikat:

> "(Bilin ki) Allah, hiçbir canı, eceli geldiği zaman, asla geri bırakmaz. Allah, yaptıklarınızdan hakkıyla haberi olandır."(Münâfikûn, 63:11)

Dünya kurulduğundan bugüne nice zenginler, sultanlar, krallar, âlimler, zalimler vs geldi geçti. İyilerin iyiliği, kötülerin kötülüğü kaldı geride. Sen de öleceksin. Ölümden sonraki ebedî hayatı unutma. Günlük hayat programını ebedî hayata göre planla. O gün ne mal, ne makam, ne evlat ne de soy sop fayda verecek. O gün sana kalbi selim, akl-ı selim ve salih amelin fayda verecektir. Yaptıklarının karşılığını bulacaksın orada. Kimseye haksızlık yapılmayacaktır. Zerre miktarı hayrın ve şerrin karşılığı tastamam verilecektir. Senin unuttukların unutulmayacak. Amel defterin eline verilince hayret edeceksin. "Bunu da mı kaydettin Ya Rabbi?" diyeceksin. Hakikate gözlerini kapama. Aç gönlünü,

Rabbimizin ihtarına kulak ver. Seni seven Rabbin sana geleceğin bilgisini haber veriyor:

"Rablerinin huzurunda durdurulmuş iken onları bir görsen! (O zaman, Allah:) 'Bu (âhiret hayatı) gerçek değil miymiş?' diyecek. Onlar da: 'Evet, Rabbimiz hakkı için gerçektir.' diyecekler. O da: 'Öyleyse, küfre sapmanız yüzünden tadın azabı!' buyurur."(En'âm, 6:30)

Dünya ahiretin tarlasıdır. Burada ektiklerimizi orada biçeceğiz. Onun için hâlini gözden geçir. Hatalarına tevbe et. Bir daha onlara dönme. Ateşten sakınır gibi günah işlemekten sakın. Rabbine olan borçlarını öde. Kazaya kalmış namazlarını, oruçlarını tamamla. Yapamadıysan haccını ilk fırsatta eda et. Üzerindeki kul haklarını öde. Rabbinin huzuruna kul hakkıyla gitme. Oranın hesabı buradan zor olacak. Kul hakkıyla gidersen önce üzerinde hakkı olana sevapların verilecek, yetmezse günahları sana devredilecek. O gün herkes birbirinden kaçacak. En yakınların en uzak duracak. Çünkü herkesin kendine yetecek derdi olacak.

Hayatı bu dünyadan ibaret zannedenler aldanıyorlar. Ölümü yok oluş bilenler kendini aldatıyorlar. Gel birlikte şu mübarek ayetleri tefekkür edelim. Bu haberi dünya ve ahiretin Rabbi olan Allah veriyor.

"Dediler ki: '(Hayat) dünya hayatından başkası değildir. Ölürüz de, yaşarız da. Bizi zamandan başkası helak etmiyor.' Hâlbuki onların bu hususta hiçbir bilgisi yoktur. Onlar sadece (böyle) zannediyorlar."(Câsiye, 45:24)

Hasan Tahsin Feyizli Hoca, mealinde bu ayeti şöyle yorumlamış:

"Bizi ancak zaman öldürür," sözü, İslâm öncesinde, Allah'ı tanımayanların câhiliye mantığıyla söylenmiş sözüdür. Çeşitli zamanlarda duyulan ve tekrar edilen bu söz, yine Dehriyye görüşüne sahip, yani maddeci ateist kafaların bir ürünüdür. Gayeleri Allah'ı tanımayıp sorumsuz ve başıboş yaşamaktır. Böylece arzularını ilâhlaştırmaları, onları bir fikir boşluğuna ve Allah'a karşı küstahça bir ifadeye itmiştir.

"O (akıllarını putlaştırıp bencil yaşaya)nlar: "Hayatımız, bu dünyadakinden ibarettir. Biz, bir daha dirilecek de değiliz," dediler."(En'âm, 6:29)

(Âhirette) bize kavuşmayı ummayan, (sadece) dünya hayatından hoşlanıp (gönlü) onunla yatışıp rahatlayan ve bir de âyetlerimizden gafil olanlar var ya! İşte, onların kazandıkları (günahları)ndan dolayı, varacakları yer ateştir."(Yunus, 10:7-8)

Dönüş Allah'adır. Yaptıklarımızı en iyi bilen O'dur. Öyleyse her şeyimizi bilen Rabbimize, yaptıklarımızdan dolayı özür dilemeliyiz. Bağışlaması için yalvarmalıyız. Vakit eldeyken tevbeye acele etmeliyiz. Can boğaza gelince, melek görevini yapacak, emaneti sahibine götürecektir. O zamanki pişmanlık fayda vermeyecek. "Gençliğimi yaşayayım," diyen şeytana aldanmıştır. Nefsinin esiri olmuştur. Gençliği yaşamak günahlarla olmaz. Gençliği yaşamak gençliği verenin istediği şekilde yaşamakla olur. Sana yakışan gençliğini ibadetle geçirmendir. Her gün bilerek veya bilmeyerek işlediğin hatalarına tevbe etmendir. Yol kılavuzumuz geçmiş ve geleceği affedildiği hâlde bak ne diyor?

"Dünya tatlı, göz kamaştırıcı ve çekicidir. Allah onu sizin kullanmanıza verecek ve nasıl davranacağınıza bakacaktır. Dünyaya aldanmaktan sakının." (Müslim, Zikir, 99)

Bu uyarıdan sonra ne yaptığını ve yapmamız gerektiğini bizlere açıklıyor. Binler şükür Rabbimize ki bizi seven ve bize yol gösteren böyle güzel bir rehber göndermiş.

"Vallahi ben günde yetmiş defadan fazla Allah'tan beni bağışlamasını diler, tövbe ederim." (Buhârî, Daavât, 3)

"Ey insanlar! Allah'a tövbe edip ondan af dileyiniz. Zira ben ona günde yüz defa tövbe ederim." (Müslim, Zikir, 42)

Sakın ola, "Günahkâr olsam bile bana bir ceza dokunmadı. Günah da işlerim ibadette yaparım. Hayat benim değil mi? Kimse bana karışamaz," deme. Hataların için bir uyarı bekleme. Hatalarına pişman olmayışın ve içinin sızlamaması günah olarak sana yeter. Müslüman o kimsedir ki işlediği günahlar ona müthiş bir sızı verir. Yaptığını fark eder, hemen onları terk eder ve tevbede acele eder.

Rabbim bizleri günah işlemekten korusun. İşlediklerimize tevbe nasip eylesin. Bir daha o hatalara düşürmesin. Amin.

Son Söz

Cennet sana âşık. Yolunu gözlüyor. İman eden, salih amel işleyen, sözü hakça söyleyen, hak üzere yürüyen, yürüyüşünde önüne çıkan engelleri sabırla yenenler kurtulmuştur. Müslüman, Allah'a teslim olandır. İradesini Allah'ın emrine amade kılandır. Mümin, iman ettiği rabbine sağlam bir şekilde güvenen kişidir. Sen bu imanla son kılavuzun izince yürü. Sırat-ı müstakim yolun olsun. Bu yolun sonu cennete çıkar.

Aziz genç, oku, oku, oku. Okumak beynin vitaminidir. Okuyacağın kitaplar beş yıldızlı olsun. Sana değer katsın. Salih amellerini artırsın. Ahlakını güzelleştirsin. Sana cennet refiki olsun. Her kitabı almaya gücün yetmeyeceği gibi okumaya da vaktin yetmeyecektir. En büyük sermayeni boş okumalarla geçirme. İmanını kuvvetlendirecek, ahlakını güzelleştirecek ve salih amellerini artıracak eserler oku. Her gün düzenli okumaların olsun. Yıllık, aylık ve günlük okuma planı yap. Okuduklarını bir araya koy. Böylece okudukların, okuyacaklarına seni teşvik edecektir. Yanında daima okuyacağın bir eserin olsun. Okumak için illa belli bir zaman ve mekân arama.

Okuduklarınla amel et. Başkalarıyla münakaşa etmek ve farkını göstermek için okuma. Bu okuma sana bir yük olacaktır.

Kur'an'daki tabirle "Kitap yüklü merkep" gibi olursun. Allah senin yüzüne ve müktesebatına değil amellerine bakacaktır.

Amellerini ihlasla yapmaya çalış. Her işini, "Allah beni görüyor," diye düşünerek yap. Allah sana senden daha yakın unutma. Her ne kadar sen O'nu görmesen de O seni her halükârda görüyor, biliyor ve işitiyor. Böyle yaparsan Allah'ın sevdiği ve meleklerine bile methettiği kullarından olursun. Asıl bahtiyarlık da budur.

Gençliğini ibadetle geçir. Abdestli yaşamayı prensip haline getir. Namazlarını vaktinde cemaatle kılmaya gayret et. Orucunu ihmal etme. Mümkünse pazartesi ve perşembe günlerini oruçlu geçirmeye çalış.

Helal ve sağlıklı beslen. Haram lokma insanı ateşe götürür. Anlayışını bozar. Kalbi hassasiyetini azaltır. Rabbinden uzaklaştırır. Cehenneme yaklaştırır. Yiyeceklerinin sağlıklı ve doğal olmasına dikkat et. Çok reklamı yapılan, sağlığa zarar veren, içeriği meçhul olan yiyeceklerden uzak dur. Günümüzün en önemli problemlerinden biri helal ve sağlıklı beslenememektir.

Gözünü haramdan koru. Harama yaklaşma. Harama götüren teknolojiden, televizyondan, sosyal medyadan ve kötü arkadaştan uzak dur. Seni zinaya götüren her tekliften, ateşten sakınır gibi sakın. Yaptığın hatalar için tenhalarda ve secdelerde gözyaşları dök. Allah için akan gözyaşları cehennem ateşini söndürür.

Bir dil öğrenmeye çalış. Becerebilirsen Arapça ve İngilizce öğren. Arapça, hayat kitabımızı anlamamızı sağlar. İbadetlerini anlayarak ve hissederek yapmana yardımcı olur. Her dil bir insandır. Sadece bu iki dille dünyanın büyük bir kısmıyla irtibat sağlarsın. Dünya büyük bir pazara dönüştü. Hem tebliğ hem de ticaret için kendine büyük bir değer katmış olursun.

Sporla meşgul ol. Sana uygun bir spor dalı seç. Seçeceğin spor sana fayda sağlasın ve helal dairede olsun. Ata sporlarımıza sahip çık. Atıcılığı, biniciliği ve yüzmeyi öğren. Sporla meşgul olman sağlıklı olmanı sağlar, seni kötü çevreden korur ve hayatını düzene sokar. Hiç olmazsa günlük yarım saat veya bir saat yürümeye çalış. Çağımızın getirdiği kolaylıklar bizim hareketimizi kısıtladı. Sağlığımızı bozdu.

Sigara, nargile vb. sağlığa zarar verici maddeleri kullanma ve kullananların yanında uzun süre kalma. Farkında olmadan sen de zehirlenmiş olursun. Böyle ortamlarda bulunmak pasif içici yapar seni. Sağlığa zarar veren her şey haramdır, unutma!

Bir sanatla meşgul ol. Güzel işlerle meşgul olmak kişinin güzelliğini artırır. Allah'ın sana verdiği kabiliyetini keşfet ve ortaya çıkar. O kabiliyetlerin doğrultusunda kendini geliştir. Kazanan ve üreten Allah'ın dostudur. Güzel sanatlar, Allah'ın "Sani" isminin tecellisidir. Hayırlı işlerle meşgul olmak nefsimizin hayra kullanılmasını sağlar. Şeytana kulak vermesine engel olur.

Kendine uygun bir sivil toplum kuruluşunda görev al. Yaşıtlarınla birlikte hayırlı işlerde hizmet etmeye çalış. Büyüklerin bulunduğu ortamlarda onlara yardım et. Onların duasını almaya çalış. Tecrübelerinden istifade et. STK'da görev almak seni hayata hazırlar. Çevren gelişir. Hayatı kolay öğrenir, insanlarla iletişimin güçlenir ve hayatta daha başarılı olursun. Sosyal yönü güçlü olanlar hayatta daha başarılı oluyor.

Güzel konuşmaya ve yazmaya gayret et. Bu konuda yazılanları oku. Seminerlere katıl. Güzel konuşmak ve yazmak çok büyük bir nimettir. Bir söz vardır savaş çıkarır; bir söz de vardır ki savaşı bitirir. Güzel söz söylemek sadakadır. Sözü kaba olanlar sevilmez. Bir kalbin içinde ne varsa dışına o sızar. Kötü söz, özün karanlığındandır. Kendine değer katmak istiyorsan sözü güzel ve yumuşak söylemeyi kendine prensip edin. Peygamberimizin(sav) metodu böyleydi.

Günlük düzenli uyumaya çalış. Erken yatıp erken kalkmaya gayret et. Sağlık bakımından önemli olduğu gibi fıtrata uygun olan da budur. Efendimiz(sav) yatsı namazından sonra yatar, sabah namazından sonra uyumazdı. Günün en bereketli vakti sabah namazından sonraki vakittir.

Kılık kıyafetine özen göster. Temiz, düzenli ve uyumlu giyin. Giydiğin kıyafet Allah'ın rızasınca olsun. Gösterilmesi yasak olan uzuvlarını teşhir eden ve karşı cinsin cinselliğini tahrik eden giyim tarzından sakın. Kıyafetimiz nefsimizce değil, Rabbimizce olsun. Tesettür bir tarz değil farzdır. Kadınlara benzeyen erkekler; erkeklere benzeyen kadınlar lanetlenmiştir. Dövme yaptırma. Kaşını aldırma. Allah'ın verdiğini değiştirmeye çalışma. Allah seni görüyor ve biliyor. Yaptıklarının karşılığını ahirette bulacaksın. Ağız temizliğine, tıraşına ve vücut temizliğine çok dikkat et.

Yalandan, gıybetten, insanların kusurunu araştırmaktan, insanlarla alay etmekten uzak dur. Yalanla iman bir arada bulunmaz. Gıybet ölü kardeşininin etini yemek gibidir. Kusurları araştıranı Allah sevmez. Alay edenlerin yeri ateştir. Bunlar insanın değerini düşürür, toplum içinde sevilmesine mani olur, Allah katındaki değerini düşürür ve sahibini ateşe taşır.

İnsanlarla iyi geçinmeye çalış. Allah yolunda birlikte yürüyeceğin kardeşlerin olsun. Kardeşlerine ikram et. Hediyeler ver. Sıkıntılarında yardımcı ol. Sevinçlerini çoğalt. Telefon rehberini her yeni gün bir isimle zenginleştir. Allah yolunda kazandığın her bir dost cennetteki dereceni yükseltir. Bir dostunu ziyaret etmek günahlarına kefaret ve meleklerin duasına sebeptir. İnsanlarla geçinemeyen kişi de hayır yoktur.

Zaman zaman hastaları ziyaret et. Kabir ziyareti de kulluk programının içinde olsun. Bunlar çok faydalıdır. Dünyevileşmene, savrulmana, şeytana ve nefse uyup hor ve zelil olmana engel olur. Ölümü tefekkür etmek kişinin manevi terakkisine vesiledir. Yoldan çıkmasına mani olur. Ebedi hayata daha iyi hazırlanmasını sağlar. Hastaları ziyarette geçen zaman cennettesin. Meleklerin duasına nailsin. Rabbimizi ziyaret etmiş gibi olursun. Sevabın çok, hatan az olur.

Sözün özü,
ne yaparsan yap,
Allah için yap.
Allah seni görüyor,
biliyor ve
işitiyor.
O,
her şeye kadirdir.

Sözün sonu,
bizi bu çalışmayı tamamlamaya muvaffak kılan
Âlemlerin Rabbine hamdolsun.

Ek: Üstadlarımızın Gençlikten Bekledikleri

1992 yılında Panzehir *Dergisinin 21. sayısında yayımlanmış Prof. Dr. Mahmud Es'ad Coşan Hocaefendi'nin kaleme aldığı "Gençlere Yeni Devrede Yeni Tavsiyeler" başlıklı başmakalesini istifadenize sunuyorum.*

Gençlere Yeni Devrede Yeni Tavsiyeler

Şöyle bir düşünelim: Hayatının baharında kırmızı yanaklı, kaytan bıyıklı, yakışıklı, boylu poslu, cıvıl cıvıl levent bir delikanlı, yüksek tahsile geldiği bir şehirde günde üç öğün tatlılı, tuzlulu, çorbalı, kebaplı yemek yer, sekiz-dokuz saat gamsız uyur, ana babasından kâfi harçlık alır, kalkar sokağa çıkar, kalabalığa karışır, sıkışık vasıtalara biner, muzır gazete ve dergiler okur, televizyon, film seyreder, plaja, sinemaya, tiyatroya gider; kızlı erkekli havai arkadaşlarla düşer kalkar, zevk, keyif ve eğlence meclislerine devam ederse... ne olur?

Ne olacak! Mazbut muhafazakâr, dindar bir aileden gelme de olsa nefsine hâkim olamaz, şeytana uyar, baştan çıkar, ahlâken bozulur, fikren değişir, derslerine çalışamaz, imtihanları başaramaz, tahsilini tamamlayamaz; kendisine ve ailesine, milletine ve ümmetine faydası olmayan, zararlı ve asalak bir fert olur; içki içer, esrar çeker, dinden çıkar, boynuna haç takar, kolay kazanca, hile ve sahtekârlığa, hatta daha büyük suçlara ve anarşiye kayar; ne kendi rahat eder ne çevresine huzur verir; gençliğini, sıhhatini, istikbalini mahveyler, ana-babasının mirasını yer bitirir, fecî bir son ile yıkılır gider, "Öyle çarşambanın böyle perşembesi olur."; "Kişi, ettiğini bulur.", "Kişinin kendi kendine ettiğini, cümle cihan halkı toplansa edemez."

Rusya'dan sonra, Amerika'nın yetkili yöneticileri de devletlerinin çökme, gerileme ve dağılma tehlikesiyle karşı karşıya olduğunu; çünkü gençlerin iyi yetişmediklerini, ciddi iş ve sorumluluk yüklenmediklerini, içki, uyuşturucu ve sekse müptela olduklarını, kaliteli, olumlu gençlerin yüzde üç kadar bir oranda kaldıklarını söylüyorlar, feryat ediyorlar. Evet, işte Amerikanvari terbiyenin —bizce önceden mâlum— vahim sonuçları!

Yüce Allah, dünya ve âhiret saadetinin anahtarı olarak biz insanlara İslâm dinini indirmiştir. Onun emir ve yasaklarına uyulmadıkça, dünyanın hiçbir yerinde hakiki ve daimî bir başarı ve mutluluk sağlanamaz. Hasta, ilaç ve tedaviden kaçarsa şifayı nasıl bulacak? Şu buhranlı asrımızın bütün sosyal, ekonomik, ferdî, bedenî ve rûhî dertlerinin devası, çaresi, ilacı, İslâm inancı, ahlâkı, ibadetleri, ahkâmı ve erkânıdır. Sadece İslâm, "nefs"i, insanın en tehlikeli ve en azılı düşmanı olarak gösteriyor, onunla mücadeleyi "cihâd-ı ekber: en büyük dinî savaş" olarak tavsif ediyor, "hevâ-yı nefs"e uymamayı emrediyor. Çünkü İslâm'ın ana stratejisi: tehlikeleri ve haramları, köklerini ve kaynaklarını kurutarak önlemektir. Mesela, sarhoş, zararlı, kırıcı, dökücü işler yapabileceğinden, içki içmek haram kılınmıştır; hatta içkiyi imal etmek, taşımak, satmak, sunmak, sundurmak da haramdır...

Mesela, aileyi korumak, nesli kurtarmak, rûhî huzur ve saadeti sağlamak için nikâhı meşru, zinayı haram kılmış, zinaya sebep olabileceği için nâmahreme bakmak, flört, ihtilat: kadın erkek karışmak, halvet: yabancı kadın erkeğin kapalı bir yerde baş başa kalmaları, ef'âl-i mukaddemât-ı cimâ ve zinâ: zinaya sürükleyen fiil ve hareketlerin tümü... de haram edilmiştir.

Mesela, İslâm'da nefsi gün boyu kontrol altında tutmak için: daima zikir; arada bir derleyip toparlamak ve uyarmak için: abdest ve namaz; nefsi yenme ve iradeyi kuvvetlendirmede bir ay süren yoğun eğitim olarak: Ramazan orucu... farz kılınmıştır. Mesela, delikanlılar, günaha, harama kaymasınlar, rûhen çökmesinler, komplekse düşmesinler, vicdanen müsterih, başları dik yaşasınlar, diye Peygamber Efendimiz sallallahu aleyhi ve sellem, mümkünse çabuk evlenmeleri; mümkün değilse nefislerine ve iradelerine yardımcı olacağı için nafile ve tatavvu oruç tutmalarını tavsiye buyurmuşlar. Çünkü oruç, nefsin beslenme ve takviye yollarını tıkar; zaafa düşen nefis de günaha temayül etmez, istek duymaz.

Mesela, nefsin şehvetlerini kıran tedbirlerinden biri de "az uyumak"tır. İslâm'da taklîl-i menâm, az uyumak da tavsiye olunmuştur. O halde gençler aşırı uykularını azalta azalta mâkul ölçülere çekmeli, gece teheccüde kalkmaya alışmalı, yorulmadan uyumaya kalkışmamalıdır.

Mesela, diğer bir tedbir, kötü arkadaş ve muhitlerden ayrılmak, iyi ve başarılı, temiz ve ciddi dostlar arayıp bulmaktır. Özellikle, din âlimi, fazıl, kâmil büyüklerin sohbetlerine müdavim olmak fevkalade sevaplı ve faydalı olarak gösterilmiştir.

Kendi mütefekkirlerinin de itiraf ettikleri gibi Batı moralman çökmüştür; onların felsefeleri, serbestileri, terbiyeleri, demokrasileri, ahlâkları, âdâb-ı muâşeretleri... cemiyetlerini, ailelerini, fertlerini ekonomilerini zarara sokmuş, dejenerasyona sürüklemiş, fiyaskoyla sonuçlanmıştır.

Şimdi iyice anlaşılmıştır ki kurtuluş, Allah'ın ipine sımsıkı sarılmakta. İslâm'a gelmekte, Kur'an'a uymakta, Allah'ın elçisi, kulu ve peygamberi Muhammed-i Mustafâ'sı yolunda yürümekte, mânevî ve rûhî terbiyeyi ihtimam ve itina ile uygulamaktadır.

O hâlde değerli genç!

1. İslâm'ın pak, mâkul, sağlam, doğru, mantıklı, ilmî ve ulvî itikadını iyi öğren!

2. Hikmetli, ibretli, faydalı, menfaatli, sevaplı, nurlu ibadet ve taatleri eksiksiz îfâ eyle, Rabbinin rızasını gözet, âhiret hesabını unutma!

3. Yalnız kendini, nefsini, keyfini, zevkini düşünmekten kaçın; ana-babanı, akrabanı, ahbabını, dindaşlarını... azınlık müslümanları, mazlum ırkdaşlarını, esir topraklarını... da düşün, hatta hiç hatırından çıkarma, mensup olduğun ümmete karşı vazifelerini iyi îfâ edebilmek için istikbale iyi hazırlan!

4. İlim yönünden ileri ve güçlü olmaya çalıştığın kadar; irfan, ahlâk, takva, ihlas, ruh ve nefs terbiyesi bakımından da olgun, derin ve yetkin olmaya gayret sarf eyle!

5. Her gün hatalarını, başarılarını, çalışmalarını, amaçlarının sonuçlarını gözden geçir ve kendini kontrol edip muhasebe eyle; hatalarını ve menfî huylarını bırakmaya, yeni ve güzel hasletler ve daha yüksek vasıflar edinmeye uğraş!

6. Yüksek ve olgun bir çevre edinmeye ve kurmaya çalış, ilm ü irfan meclislerine devam eyle; başka arkadaşlarını da bu güzel topluluklara getirmeye gayret et!

7. Zamanını iyi değerlendir, zaman kayıplarını azaltmaya, verimli saatlerini arttırmaya gayret et!

8. Ailene veya sorumlusu olduğun fertlere sahip ol, onları da kaliteli yetiştirmeye uğraş!

9. İslâm'a ve müslümanlara her yönden faydalı olmanın yollarını ara, bul, sor, îfâ et!

Çünkü görülüyor ki inançsız ve batıl inançlı toplumlar çöküyor. Zaman önümüzdeki yıllarda müslümanların lehine gelişebilir, istikbal müslümanların olabilir. Ümit verici emareler belirmiştir.

Ve bu oluşumu hızlandırmak ve zafer için çalışmak senin de boynunun borcudur.

Gençliğe Hitabe[19]

Bir gençlik, bir gençlik, bir gençlik... "Zaman bendedir ve mekân bana emanettir!" şuurunda bir gençlik... Devlet ve milletinin büyük çapa ermiş yedi asırlık hayatında ilk iki buçuk asrını aşk, vecd, fetih ve hâkimiyetle süsleyici; üç asrını kaba softa ve ham yobaz elinde kenetleyici; son bir asrını Allah'ın, Kur'ân'ında "belhüm adal" dediği hayvandan aşağı taklitçilere kaptırıcı; en son yarım asrını da işgâl ordularının bile yapamayacağı bir cinayetle, Türk'ü madde plânında kurtardıktan sonra ruh plânında helâk edici tam dört devre bulunduğunu gören... Bu devreleri, yükseltici aşk, çürütücü taklitçilik ve öldürücü küfür diye yaftalayan ve şimdi, evet şimdi... Beşinci devrenin kapısı önünde dimdik bekleyen bir gençlik... Gökleri çökertecek ve yeni kurbağa diliyle bütün "dikey"leri "yatay" hâle getirecek bir nida kopararak, "Mukaddes emaneti ne yaptınız?" diye meydan yerine çıkacağı günü kollayan bir gençlik... Dininin, dilinin, beyninin, ilminin, ırzının, evinin, kininin, öcünün dâvacısı bir gençlik... Halka değil, Hakka inanan; meclisinin duvarında "Hâkimiyet Hakkındır" düsturuna hasret çeken, gerçek adâleti bu inanışta ve halis hürriyeti Hakk'a kölelikte bulan bir gençlik... Emekçiye, "Benim sana acıdığım ve yardımcı olduğum kadar sen kendine acıyamaz ve yardımcı olamazsın! Ama sen de, zulüm gördüğün iddiasıyla, kendi kendine hakkı ezmekte ve en zalim patronlardan daha zalim istismarcılara yakanı kaptırmakta başıboş bırakılamazsın!"; Kapitaliste ise, "Allah buyruğunu ve Resûl ölçüsünü kalbinin ve kasanın kapısına kazımadıkça serbest nefes bile alamazsın!" ihtarını edecek... Kökü ezelde ve dalı ebedde bir sistemin, aşkına, vecdine, diyalektiğine, estetiğine, irfanına,

19 Necip Fazıl Kısakürek

idrâkine sahip bir gençlik... Bir buçuk asırdır yanıp kavrulan ve bunca keşfine ve oyuncağına rağmen buhranını yenemeyen ve kurtuluşunu arayan batı adamının bulamadığını, Türk'ün de yine bir buçuk asırdır işte bu batı adamında bulduğunu sandığı şeyi, o mübarek oluş sırrını çözecek, her sistem ve mezheb, ortada ne kadar hastalık varsa tedavisinin ve ne kadar cennet hayâli varsa hakikatinin İslâm'da olduğunu gösterecek ve bu tavırla yurduna, İslâm âlemine ve bütün insanlığa numunelik teşkil edecek bir gençlik... "Kim var?" diye seslenilince, sağına ve soluna bakınmadan fert fert, "Ben varım!" cevabını verici, her ferdi, "Benim olmadığım yerde kimse yoktur!" duygusuna sahip bir dâva ahlâkını pırıldatıcı bir gençlik... Can taşıma liyakatini, canların canı uğrunda can vermeyi cana minnet sayacak kadar gözü kara ve o nispette strateji ve taktik sahibi bir gençlik... Büyük bir tasavvuf adamının benzetişiyle, zifirî karanlıkta, ak sütün içindeki ak kılı farkedecek kadar gözü keskin bir gençlik... Bugün komik üniversitesi, hokkabaz profesörü, yalancı ders kitabı, çıkartma kâğıdı şehri, muzahrafat kanalı sokağı, fuhş albümü gazetesi, şaşkına dönmüş ailesi ve daha nesi ve nesi, hâsılı, güya kendisini yetiştirecek bütün cemiyet müesseselerinden aldığı zehirli tesiri üzerinden silkip atabilecek, kendi öz talim ve terbiyesine, telkin ve tenmiyesine memur vasıtalara kadar nefsini koruyabilecek, tek başına onlara karşı durabilecek ve çetinler çetini bu işin destanlık savaşını kazanabilecek bir gençlik... Annesi, babası, ninesi ve dedesi de içinde olsa, gelmiş ve geçmiş bütün eski nesillerden hiçbirini beğenmeyen, onlara, "Siz güneşi ceketinizin astarı içinde kaybetmiş marka müslümanlarısınız! Gerçek müslüman olsaydınız bu hâllerden hiçbiri başınıza gelmezdi!" diyecek ve gerçek müslümanlığın "ne idüğü"nü ve "nasıl"ını gösterecek bir gençlik... Tek cümleyle, Allah'ın, kâinatı yüzü suyu hürmetine yarattığı Sevgilisi'nin âlemleri manto gibi bürüyen eteğine tutunacak, O'ndan başka hiçbir tutamak, dayanak, sığınak, barınak tanımayacak ve O'nun düşmanlarını ancak kubur farelerine denk muameleye lâyık görecek bir gençlik... Bu gençliği karşımda görüyorum. Maya tutması için otuz küsur yıldır, devrimbaz kodomanların viski çektiği kamıştan borularla, ciğerimden kalemime kan çekerek yırtındığım, kıvrandığım ve zindanlarda çürüdüğüm bu gençlik karşısında, uykusuz, susuz, ekmeksiz, başımı secdeye mıhlayıp bir ömür Allah'a hamd etme makamındayım. Genç adam! Bundan böyle senden beklediğim manevî babanın tabutunu musalla taşına, Anadolu kıtası büyüklüğündeki dâva taşını da gediğine koymandır!

Surda bir gedik açtık; mukaddes mi mukaddes!
Ey kahbe rüzgâr, artık ne yandan esersen es!...

Allahın selâmı üzerine olsun...

TÜRK GENÇLİĞİNE[20]

'Hız alan duyguların bak: ne ilâhi, ne derin!
O mukaddes heyecanlarla coşan hamlelerin
Yıkacak burcunu dinsizliğin artık yıkacak!..
Fışkırıp ünlü yiğitler mezarından çıkacak !..
Mâneviyyatına, vicdanına, imanına denk,
Arkadaş bulmalısın; çünkü temiz bir örnek.
Hem de rehber olacaksın doğacak nesle yarın!..
Hakkı ilan edeceksin daha gür sesle yarın!..'

'Helecanlarla geçen dünkü hayat safhasını,
İnceden inceye tetkik ederek, orda seni
His, fikir, an'ane, tarih, mukaddes, ahlâk
Gibi mefhumları hissiz ve kayıtsız bulmak:
Zağlı hançerle açılmış kanayan bir yaradır.
Uçurumlar gibi gibi korkunç, ne feci manzaradır!..

20 Ali Ulvi Kurucu, 'Türk Gençliğine', *İslâmın Nuru* Mecmuası, Sayı: 1 (Nisan 1961), s.36, İstanbul-1951.

Ne amansız acı Ya Rab, nasıl âteşten elem.
Sanki, tasvîr ediyorken yanıyor elde kalem!..'

'Fuhşu bir gem yapanlara: ağzına vurmuş "siyonist"
Pusu kurmuş yolunun üstüne hâin "komünist"
Bir asîl (at) gibi şahlan, vurulan gemleri kır!..
NERDE HAKKIM? diye bir kerrecik olsun haykır!..'

'Sinsi düşmanları pençende tutup ezmelisin!
Ülkenin sahibi sensin, UYANIK GEZMELİSİN!..
Çiğnenirken ayak altında küfür saltanatı.
Kahrolur sinsi kızıllar, yıkılır köhne çatı.
Yedi kat göklere aksetmeli tılsımlı sesin!
Kıp kızıl yangını söndürmeli tek bir nefesin!..
(MUHAÇ) ufkunda zaferlerle esen BAYRAĞI çek!...'
'SANCAĞINDAN EBEDÎ FECRİ ŞAFAKLAR SÖKECEK!...
Sen, bu kalkınmanın aşkile, kanatlanmalısın !
Gözdeler, DEVRİMİ gördükçe şaşırsın kalsın!..
Çünkü sen vârisisin (FATİH) in, arslan (YAVUZ) un!
Sayamam şân-ü şeref faslım zira pek uzun !..
Çünkü sen, taze emeller doğuran hatırasın!..
Yirmi beş yıl, seni iğfal eden, en kanlı yasın!
Sürüler, çamlar, ağaçlardaki her bir yaprak
Bu Nisan fethini temsil eden Atlas bayrak!..'

'Güzel İstanbulu fethettin o gün sen yeniden,
(FATİH) in ruhudur, elbet, sana rehberlik eden!..
Nûrdan menkıbeler ördü mukaddes savaşın;
Şimdi ta arşe değer yükselecek belki başın,
Gençliğin Hakka emanet; ne celâdet öyle;
Can atar şanlı zaferler sana bundan böyle...
Âkif olsaydı da görseydi bu parlak gününü
Ebediyyetlere yaymıştı eminim ününü...
Şanlı genç! her ne kadar cismen uzaksam senden.
Şair oldum, ebedi ruhumu yaktım sana ben.
Mavi, mor, penbe ufuklarda haydin görünür,

Dalgalar sahili okşar gibi örter sürünür.
Bak: dualar nasıl Allaha kadar yükseliyor;
Her gönülden sana sevgiyle, selâmlar geliyor.
Bak: Ezan sesleri yer yer yayılırken denize:
Doğuyor taze güneşler, kararan gönlümüze.
Bak: o durgun suların kalbine sinmi'ş esrar.
Yüce tarihine ait nice destanlar arar.
Hep sevinç göz yaşı halinde akar bak dereler;
Şiirin ahengini ilham ediyor meşcereler.
Bak: seherlerde münacat okunurken: rüzgar,
O Şehid Orduların marşını söyler, ağlar...
Goncalar, güller açarken, ötüşürken kuşlar.
Kalelerden, kulelerden kopuyor alkışlar!..
Koca bir sel gibi coşdukça, kabardıkça KANIN,
Canlanır taze baharlar gibi, yorgun VATANIN.
Çağlayan Ravzada gel bak, yine hep ayni akis,
Coşturan kalbini, zaten bu derin, dalgalı his.
Gel bu, eşsiz güzelin zevkine er, aşkına yan!
Bu büyük gayenin uğrunda şehid oldu baban.
Sana, senden daha şefkatli: BÜYÜK PEYGAMBER
(ÜMMETİMSİN) diyerek tertemiz alnından öper.
Gayri bundan daha üstün şeref olmaz sanırım;
Tapılan putları çiğner, YALINIZ HAK TANIRIM.
Sana ilk şiirimi yazdım bu mübarek gecede.
Sanki Cennetlere uçmuş gibi geldim vecde!..'

Ali Ulvi Kurucu